先生すごい!　　作ってみたい!　から始まる

# あそびおもちゃ

## はじめに

子どもたちの日常には不思議な現象やワクワクする材料がたくさんあります。

本書は、これらの現象や材料を活かして、

子どもたちが楽しく作りながら遊ぶ事のできる、

"あそびおもちゃ集"としてまとめました。

前半では、季節ごとに楽しめる科学おもちゃを、後半では、

様々な材料を使って作れるあそびおもちゃを紹介しています。

これらのおもちゃ作りを通じて、手指の巧緻性が鍛えられ、

想像力が豊かになり、たくさんの"かがくの芽"が育つことが期待されます。

本書をもとにあそびおもちゃを作り、友達と一緒に楽しみながら、

たくさんのおもちゃや遊びを発明しましょう。

（竹井 史）

# Contents

## 10　魔法みたいな　科学おもちゃ

### 春の科学

### 夏の科学

# 魔法みたいな「科学」にふれよう

保育者
わたしたちの身の回りには、おもしろくて不思議な自然現象がたくさんありますよね。

魔法使い
そうね。ふだん気にしないでいるけど、ちょっと気を付けてみると不思議なことがたくさんあるよね。子どもたちは、遊ぶことを通して遊びそのものを発明し、その遊びに含まれる美しさや"かがくの芽"を培っていくの。

具体的に言うと、どういうことなんですか？

土遊びを例にあげてみましょうか。土にたくさんの水が入ると…

ジュース遊びになる！

そう！　ジュース遊びも、入れる土の量が変わると？

ジュースがコーヒーになったりして、遊びが広がります。

その通り！　じゃあ、もっと水の量を減らすと？

お団子作りができます！　きれいなつるつる土団子も！　そして、お団子屋さんごっこもできますね。

子どもたちは自然の中にあるおもしろさや美しさ、不思議さに興味をもつことで、自分たちの遊びを広げていくのよ。ここで例にあげた土と水との関係はその一例といえるわね。「なんで？　どうして？」などの問いは、将来の科学に対する関心につながる大切な"かがくの芽"といえるのよ。

なるほど、そうですね。

日常的に現れる自然現象に対し、保育者が科学の目をもって関心をもつことが、子どもの"かがくの芽"を育てていくことにつながるの。そこで、本書では"かがくの芽"につながる子どもたちの「なんで？　どうして？」についても説明していくわよ。

ステキ！

## 魔法をかける！
# 教材研究のコツ

## その**1**

子どもたちがワクワクするおもしろい現象には、どんな物があるでしょうか。息が白くなる、水が凍る、水が流れる、水を加えると固まる、物が浮く、転がる、音が鳴る、風で動く、回る、跳ねる、飛ぶなど…身の回りにはおもしろくて不思議な自然の現象がたくさんあります。また、輪ゴムや洗剤などのおもしろい現象が起きる人工物もたくさん。それらの現象の背景にはすべて科学の原理が潜んでいます。

## その**2**

それぞれのおもしろい現象が、更におもしろくなるにはどんなおもちゃや遊びになればいいか考えます。舟が水に浮けばおもしろい、擦った音で動物が鳴いたり動いたりすればおもしろい、風で凧が揚がればおもしろい、ロケットが風で飛べばおもしろい、こんな遊びができるかも…などおもしろい具体的な物を見立ててみましょう。

## その**3**

飛ぶのは軽い物、ビニール袋、紙、ストロー。水に浮かべるには、水を通さないトレイかな。紙を折ると風を受けるかな。これをたたくといい音が出る。紙皿は半分に折るとゆらゆら。紙コップは切り込みを入れるとおもしろい形になる…など、いろいろな材料や製作を考えてみましょう。

## その**4**

この原理とこの原理を組み合わせると音が鳴りながら動く。色を付けるとすごくきれいでおしゃれ。こんなふうに切るとかっこいい、かわいい。など、いろいろな要素を組み合わせて「おもしろい」が「よりおもしろい」になるためにはどうすればいいか考えましょう！

P.10 へ！

ひらめき☆発明

# 「身近な素材」で遊ぼう

**保育者**

身近な素材ってたくさんありますよね。

**発明家**

本当にそうだね！ 高価な素材を使った物やおもしろい色や形の包装紙、ひも、パッケージなど、様々なものがあるね。

遊びの宝庫ですね☆

うん。ただ、そのままじゃ遊びが広がらないこともあるから、そこにはいろいろな工夫が必要だよ。

なるほど！

身近な素材は、それを捉える視点によって様々な魅力が生まれるよ。その素材の見立てや素材の特長を活かすように活用をすることで遊びおもちゃを作るプロセス、子どもの想像力や思考力、"かがくの芽"そして製作する力などが大きく膨らむんだ！

子どもたちのワクワクする姿が想像できます！

身近な素材で作って遊ぶことで、子どもたちの感性が刺激され、豊かな想像力や知的好奇心が培われる。だからこそ、身近な素材でたくさん遊んでほしいな。

でも、たくさんある素材をどうすれば良いのかが難しいんですよね…

それなら、私が発明したおもちゃをたくさん紹介するね。子どもに合わせてアレンジを加えるとより良いものになるよ！ 右ページの発明のコツを見て、身近な素材をしっかり研究すると、自分なりのおもしろいおもちゃを発明できるかも？！

やってみたい！

# 教材研究のコツ

## その1

廃材（不要材）を材料とするときには、どれだけ多様な物の見方・考え方ができるかが大切です。その材料を手に取って、色や形、手触り、その特徴などを確かめ、積んだり、並べたり、上下、横、斜めなどいろいろな角度から眺めたりしながら、その素材の特徴を捉えましょう。

## その2

おもしろい材料やアイディアが見つかったら、想像するだけではなく、加工をしてみましょう。折ったり、曲げたり、ちぎったり、組み合わせたり、はさみで思い描いた形に切ったりしながら、思った通りに使えるか、どんなふうに生かすことができるか、いろいろと試行錯誤してみましょう。

## その3

作りたい方向性が決まれば、製作スタート。材料によっては、接着剤で簡単に接着できない物、安全性に問題がある物、加工が難しい物など、個々の材料の特徴に留意する必要があります。使う材料に合わせて、どんな接着・接合、組み合わせ方や着彩をすればいいかをアドバイスできるかが、保育者の腕の見せどころです。

P.48へ！

9

\魔法みたいな/

# 科学

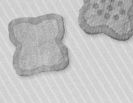

# おもちゃ

私たちの身の回りには、
おもしろくて不思議なことが
いっぱい☆　保育者が科学の目を
もつことで、子どもたちの
"かがくの芽"を
育てていきましょう♪

# 切るだけでできる！！
## ストロー笛

あっという間に笛の完成♪
長さを変えてみると…？

やってみよう！

**うまくいく POINT**

ストローは太い（直径6mm）ストローを使いましょう。リードの長さは長め（2cm）に。

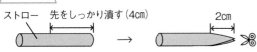

## 作り方

ストロー　先をしっかり潰す（4cm）　2cm

## 遊び方

三角に切った所を口の中に入れて、唇で軽く押さえ息を強く吹きます。

**うまくいく POINT**
ストローをくわえる位置は、ストローを切った所よりも奥にしましょう。

### なんで？どうして？

# 音が鳴るワケ

ストローの上下に先のとがったものを２つ作ることで音の鳴る仕掛けのリードができます。リード（斜めに切ったストロー）の根元を唇で押さえ、息を強く吹くと、2枚のリードが震えて音が鳴ります。ストローの長さを変えると音の高さも変化します。短いと高く、長いと低い音が鳴ります。同じリードで少しずつストローの長さを短くしていくと音の高さが変化しておもしろいですよ。

震えて音が鳴る　ブー

チョキン！　ストローを短くすると…

あ！たかいおとになった！　ブー

# アレンジ

**●ラッパ笛**
色紙を巻くだけで、音が大きくなり気分が盛り上がります♪

作り方　色紙　ストロー笛　セロハンテープ　円すいにする

**●ホイッスル**
音のハーモニーを楽しみましょう！

# バルーンフォン

糸電話の糸を風船に。
糸よりも響いておもしろい！

**うまくいく POINT**

紙コップに穴をあけるときは、
つまようじ→鉛筆→はさみで
切る、の順で少しずつ大きく
してあけるといいですよ！

##  作り方

紙コップ（2個）　穴をあける　ペンシルバルーン

差し込む

穴にはさみの先を
差し込んで切る

## 遊び方

**●2人で**

紙コップに向かって話す人
と、聞く人に分かれて遊びま
しょう。

**●1人で**

自分でしゃべって、自分の声
を聞くこともできます。

## なんで？どうして？

# 声が聞こえるワケ

音は振動によって伝わります。音を耳に
伝えるためには、音の振動を伝えるもの
が必要です。例えば、空気（気体）や水（液
体）、金属（固体）など様々な物があります。
子どものおもちゃでは、糸電話が有名で
す。糸電話はピンと張った糸が振動を伝
えますが、バルーンフォンでは風船の中
の空気が振動を伝えます。

振動して伝わる

音　　　耳へ

糸を引っ張って音が鳴る！？

# 紙コップの バードホイッスル

ぬらしたハンカチでこするとキュッ
キュッと大きな音が鳴りますよ。

## 作り方

紙コップ → 穴をあける
チェーンリング
たこ糸
4重にして固結び

## 遊び方

① ぬらしたハンカチでたこ糸を挟みます。

② ハンカチの上から爪をたてながら糸を引っ張りましょう。

キュッ キュッ

引っ張り方によっていろいろな音が出るよ。

## アレンジ

はさみで切れ目を入れ、鳥の形にし、別のコップに重ねたホイッスルにしてもかわいいですね。

## なんで？どうして？

## 大きな音が鳴るワケ

紙コップのバードホイッスルは、糸で発生した振動を、紙コップのメガホンで大きな音にする装置です。糸の振動は、紙コップの底に伝わり、紙コップメガホンを使うことで音が広がるのを防ぎ、音を前方に集めて届けます。つまり、糸で発生した音を集めることで大きな音に聞こえるのです。

# ペットボトル de バードホイッスル

ペットボトルに紙コップを付ければ、
「ホーホー」と鳥の鳴き声のような音
がするホイッスルに大変身！

## 作り方

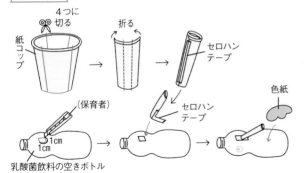

500mlのペットボトルでは…

ペットボトルが大きくて吹き
にくい場合は、吹き口（紙コッ
プ）を横向きに付けましょう。

## 遊び方

**1** ペットボトルの先（飲み口）を手の
ひらで押さえ、紙コップで作った吹
き口から息を吹きます。角度を変えなが
ら息を吹き、音が鳴るポイントを見つけ
ましょう。

**2** その角度を維持しながら、ペットボ
トルに当てた手と飲み口の間に隙
間をあけると音が変わりますよ。

### なんで？どうして？

## 音が鳴るヒミツ

笛は一方向から来た空気が二つに分けられ、
空気の渦ができることで音が鳴ります。バー
ドホイッスルは、四角に開けた歌口（空気
を2つに分ける仕掛けの部分）に勢い良く
空気を当てることで音が鳴ります。吹き口
の先を平たくし、当てる空気の角度を変え
てみましょう。

じわっとにじむ

# にじみ模様

ストローで水滴をたらすと、ペンの色がにじみます。

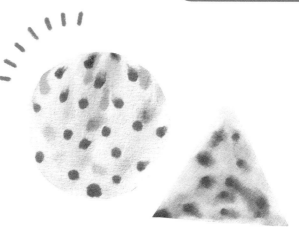

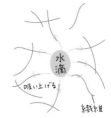

### うまくいくPOINT

ペンの色は、赤、青、黄の3色を基本としましょう。にじんで混ざってできる色もきれいにできますよ。

>**作り方**

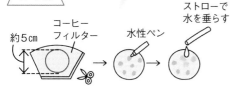

約5cm
コーヒーフィルター
水性ペン
ストローで水を垂らす

## アレンジ

●のれん

ラミネート加工をしてから、穴をあけて吊るしてみましょう☆

>**なんで？どうして？**

## にじむワケ

紙は細長い繊維がたくさん絡み合ってできています。紙の繊維と繊維の間には無数の隙間があります。紙の上に水滴を落とすと、親水性（水になじみやすい性質）をもつ繊維と繊維の隙間で起こる毛細管現象（細い管や隙間に液体が吸い上げられる現象）によって色が様々な方向に吸い上げられ色がにじみます。

水滴
吸い上げる
紙繊維

# しずく発生装置

しずくがつまようじの先に集まって
落ちる！

## 作り方

差す　つまようじ

紙コップ　→　凹凸部分ま
で差し込む

遊び方

紙コップに水を1/3〜1/2入れます。しばらくすると、つまようじの頭の部分からしずくがポタリポタリと落ちてきます！　つまようじの先にじわっと水がたまってからポタリと落ちる様子をじっくり観察しましょう。

水滴の下に水を張ったトレイやバケツなどを置いて、落ちた水滴が波紋を作る様子も観察できます。2つの波紋が交わる所もおもしろいですよ。

**うまくいくPOINT**
しずくが落ちないときは、つまようじを上下に2〜3回上げ下げしてみましょう。

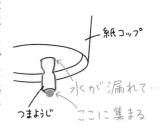

**なんで？どうして？**

# しずくができるヒミツ

紙コップにつまようじを差し、動かすとそこには小さな隙間が生じます。つまようじの頭の部分は太さが違いますので、水を入れた紙コップに差したつまようじを動かすことによって隙間の大きさが変わり、そこから漏れる水の量が変わります。水の量を調節することによって隙間から出る水がつまようじを伝わって集まり、しずくになります。

紙コップ
水が漏れて…
ここに集まる
つまようじ

# 波紋ができるワケ

しずくが水面に落ちると、水面はしずくの当たる力を受けて揺れ動き、振動が発生します。この水の振動は、周囲の水に次々と影響を与え、波ができます。こうしてしずくが落ちた中心から周辺に向かって波が水面全体に広がっていき、水面に波紋ができます。水たまりに次々に落ちてできる美しい波紋はステキな自然のアートといえます。

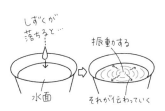

しずくが落ちると…
振動する
水面
それが伝わっていく

# トロピタくん

手のひらでゆっくりと形を変えるトロピタくん。じっくり観察してみよう！

### 作り方

片栗粉 ⑩　水 ⑦

約10：7の割合で混ぜる

### うまくいく POINT

水の量を少しでも変えると、形が変わる様子が大きく変わります。いろいろな配合を試してみましょう。

とろ〜

### 遊び方

**1** トロピタくんのタネをコップから出し、円形、円すい形などに整え、素早く目（パンチで抜いたクリアファイルに油性ペンで描いた物）を付けます。

**2** 手の甲や手のひらに置くと…トロピタくんがゆっくりと形を変えていく！

とろ〜

### なんで？どうして？

## 形が変わるヒミツ

片栗粉に水を入れて強く握ると、片栗粉の粒子の隙間に表面の水が吸収され、固体のようになります。手を緩めると、表面に水が戻り、液体のようにトロトロの状態になります。これをダイラタンシー現象といいますが、トロピタくんはその原理を生かした遊びです。

感触が気持ち良い！

# スライム モンスター

自作のスライムで感触遊びも♪　いろいろなモンスターを作りましょう。

## うまくいく POINT

ペンの色は、赤、青、黄の3色を基本としましょう。にじんで混ざってできる色もきれいにできますよ。

### 作り方・遊び方

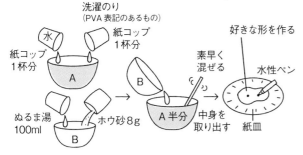

洗濯のり
（PVA表記のあるもの）

水　紙コップ 1杯分

紙コップ 1杯分

ぬるま湯 100ml　ホウ砂8g

素早く混ぜる

A半分　中身を取り出す

好きな形を作る

水性ペン

紙皿

## いろいろなモンスターを作ろう！

※ホウ砂は、薬局で入手できます。

### なんで？どうして？

## スライムができるワケ

洗濯のりに含まれているPVAという成分とホウ砂が混ざることで化学変化を起こし、立体的な網の目のような構造をもった物質になります。その網の目の隙間に水が蓄えられ、トロトロ、ブヨブヨとしたスライムになります。ホウ砂が多いと硬めのスライムに、少ないと柔らかなスライムになります。使い終わったホウ砂水溶液は、誤飲の事故を防ぐため必ず水に流し、遊んだ後は手を洗いましょう。

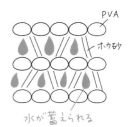

PVA

ホウ砂

水が蓄えられる

# 割れない
# シャボン玉

手で触れるシャボン玉を作って
楽しもう！

**作り方**

水
ボトルキャップ
10杯分

台所用洗剤
ボトルキャップ
3杯分

↓

洗濯のり
（PVA表記の
あるもの）
ボトルキャップ
5杯分

これが魔法の
液の正体！

**遊び方**

**1** ストローに液を付けて、ゆっくり膨らませましょう。

**2** 軍手をはめた手でシャボン玉を優しく突きます。うまくいけば、30回以上突けますよ！

**うまくいくPOINT**
ストローの先をはさみで4つに割ると、少し大きなシャボン玉ができます。

**うまくいくPOINT**
ひとつ目のシャボン玉は見送り、ふたつ目のシャボン玉を突きましょう！また、軍手は新しい物を使うといいですよ。

## プラス POINT+

●膜が厚いシャボン玉を作ろう！
シャボン玉に虹のような模様（干渉膜）が見えると薄くなってきた証拠。液を付け、ゆっくり吹いて干渉膜の見えない厚めのシャボン玉を作りましょう。

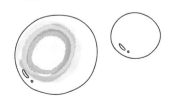

**なんで？どうして？**

## どうしてシャボン玉ができるの？

シャボン液には、表面張力という力が働きます。この力によって、シャボン玉の膜は最小の表面積になろうとするため球形になります。シャボン玉に光が当たると虹色に輝くのは、光の干渉が起きるためです。

## シャボン玉が割れないヒミツ

シャボン玉は、時間とともに球の上部が薄くなり、水分も蒸発し形を保てなくなって割れてしまいます。PVAの洗濯のりを入れることで液に粘りが出て、保水力が高まり割れにくくなります。軍手をするのは、シャボン玉の表面に接する力を分散させたり、水分が吸収されにくくするためです。

# バブルバレー

エアーボトルを使ってシャボン玉を
パスしよう！　何回続くかな？

## ▷ 作り方 ◁

<シャボン玉液>

水：ボトルキャップ
5杯分

洗濯用のり（PVA 表示
のあるもの）：ボトル
キャップ1杯分

台所用洗剤：ボトル
キャップ4杯分

静かに
混ぜる

<エアーボトル>

キリや目打ち
（カルコ）で
1〜3か所
穴をあける
（保育者）

乳酸菌
飲料の
空きボトル

## ▷ 遊び方 ◁

**1** ストローで小さめのシャ
ボン玉を作ります。

**2** エアーボトルでシャボン
玉に空気を当てながらバ
レーボールを楽しみましょう。

## なんで？どうして？

## 空気で動く**ワケ**

空気には重さがあります。その空気がも
のを押さえつける力を気圧といいます。
シャボン玉は球の内側と外側の気圧が釣
り合った状態といえます。このシャボン玉
に空気を当てると空気の力がシャボン玉
を押し、同時に空気の力で変形したシャ
ボン玉が元の球体に戻ろうとする力が働
き、シャボン玉は動きます。

## アレンジ

ペットボトルを机に並べてネット代わりにして遊
んでもおもしろいですよ！

動力付きで動く！

# プチプチ
# スケルトン船

プチプチシートの浮力を利用した舟です！
みんなで船を浮かべて競争しましょう。

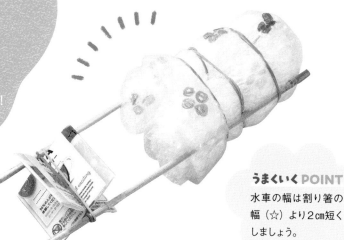

**うまくいくPOINT**
水車の幅は割り箸の
幅（☆）より2㎝短く
しましょう。

### 作り方

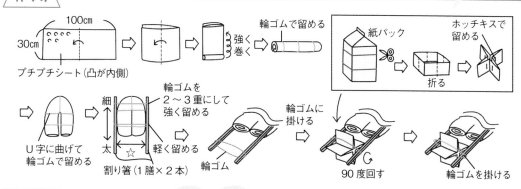

100cm
30cm
プチプチシート（凸が内側）

強く巻く

輪ゴムで留める

紙パック
ホッチキスで留める
折る

U字に曲げて輪ゴムで留める

細
太
割り箸（1膳×2本）

輪ゴムを2〜3重にして強く留める
軽く留める
☆
輪ゴム

輪ゴムに掛ける

90度回す

輪ゴムを掛ける

### 遊び方

水車を回してゴムを20〜
30回ほど巻き、水面に
置いて手を放すと水車が
回ってスケルトン船が動き
出します。

**うまくいく POINT**
水車が水面に触れるくら
いの角度に調整して、動
力が最も伝わりやすくし
ましょう。

**なんで？どうして？**

## 水面を動く **ワケ**

水面に浮かせたスケルトン船の水車がゴムの
働きによって回ると、スケルトン船は動き出し
ます。これは、ねじられたゴムが元に戻ろうと
する力で水車が回って水をかき出し、その際に
発生した力の一部がスケルトン船を動かすから
です。

# 魔法の ジュース屋さん

ブドウジュースに透明の魔法の水を入れると…いろいろなジュースにチェンジ！

**やってみよう！**

マジカル
チェンジ！！

青に
なった！

赤に
なった！

## 作り方

紫キャベツ1/8個
→ 布でこす

ミキサーに掛ける

※細かく切って、ひと晩水に漬けておいてもOK！

まずは、
ブドウジュースを
作ろう！

26

遊び方

**1** 魔法の水を用意！

重曹水

レモン汁
（薄めない）

**2** 作ったブドウジュースに魔法の水（レモン汁）を入れると…マジカルチェンジ！

**3** もう一つの魔法の水（重曹水）を入れるとブドウジュースに戻ります！

**うまくいく POINT**
重曹水は、水に重曹を溶けるだけ溶かして作ります。（飽和水溶液を作る）

**うまくいく POINT**
魔法の水（レモン汁、重曹水）を入れすぎないこと！ 色が変わり始めたら、入れるのをやめましょう。入れすぎると、ブドウジュースに戻らなくなります。

## いろいろなジュースを作ろう！

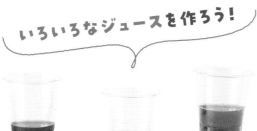

モモジュース

ブドウジュース

ブルーハワイ

ホウレンソウ
ジュース

イチゴジュース

レモン汁でイチゴ（赤）、多めの重曹水でブルーハワイ（青）にマジカルチェンジ！

なんで？どうして？

## 色が変わるワケ

紫キャベツ以外にも、ブドウの皮を5分くらい煮出してもできます！ 色が変わるのは、紫キャベツやブドウの皮に含まれるアントシアニンが、酸性になると赤色に、アルカリ性になると青色になる性質をもっているからです。また、アジサイの色が変わるのも、アントシアニンが含まれているからです。

水で絵が描ける！？
# マジカルフラワー

透明の水で描くのに、赤や青になる
不思議を感じながら、たくさん作り
ましょう！

（色が変わるワケは、P.27 参照）

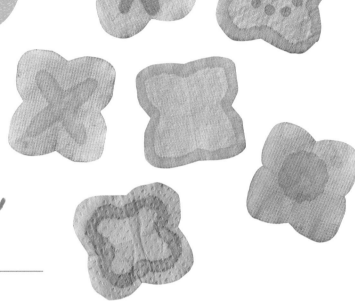

## 作り方

キャベツと
同量の水

ピーラーで
細かくした
紫キャベツ

チャック付き
ポリ袋

→ もむ

※たくさん作るときは、P.26 の作り方がおすすめ。

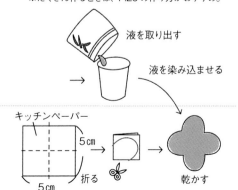

液を取り出す

→

液を染み込ませる

キッチンペーパー

5㎝

折る

5㎝

乾かす

## 遊び方

**1** プラカップ（小）にそ
れぞれ小さじ1ずつの
重曹とクエン酸を入れ、水
を加えて溶かしておきます。

**2** 綿棒を液に付け、模様
を描きましょう！（重
曹水＝青・緑色、クエン酸水
＝赤色の模様になりますよ）

クエン酸
小さじ1

重曹
小さじ1

綿棒

水がものすごく飛ぶ!!

# 圧力式
# 水てっぽう

ぎゅっと握れば、水が勢い良く飛び出します！ 的を目掛けて飛ばしましょう。

いろいろな
穴を試そう！

## 作り方

キリで穴を
あける
（保育者）

（保育者）

ビニールテープ

キャップを閉める

外に出す

入れる

ペットボトル

チャック付きポリ袋

## 遊び方

ポリ袋のチャック部分から水を入れ、チャックを閉めます。袋を押し潰そうとすると…キャップの穴から水が飛び出します！

的は、大小の空のペットボトルに数字を書き込みます。点数を競うと、数に対する興味にもつながります。

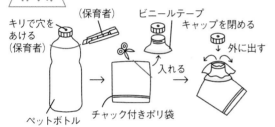

## なんで？どうして？

## 水が飛び出すヒミツ

水を入れたポリ袋を押し潰そうとすると、中の水に圧力が加わります。その圧力によってペットボトルキャップの穴から水が飛び出します。強く押すほど水が出る勢いも大きくなるので、より遠くに飛ばすことができます。

## くるくる回る！？

# ミニペラ

回りながら落ちてくる様子を楽しん
だり、キャッチしたりして遊ぼう♪

**やってみよう！**

> 作り方

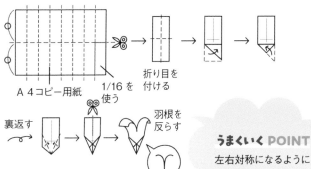

A4コピー用紙

1/16を使う

折り目を付ける

裏返す

羽根を反らす

真横から見ると…

**うまくいくPOINT**
左右対称になるように
反らせましょう。

30

遊び方

三角部分を指でつまんで放すと、クルクルと回りながら落ちます。

羽根を大きく反らすとゆっくりと回り、小さく反らすと素早く回ります！ 羽根の角度を調整しながら試してみましょう。

先を少し反らす。

根本からしっかり反らす。

## いろいろな遊び方を楽しもう！

上に放り投げて、紙コップでキャッチ！ クルッと一回転させてキャッチしてもおもしろい。

ミニペラ2個を投げて、紙コップでキャッチ。

2人で投げ合って、紙コップでキャッチ。

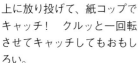
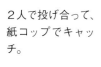

### なんで？どうして？

## 回るヒミツ

ミニペラの重り部分を斜めに折ることで、ミニペラが上から下に落ちるときに空気の抵抗が生じ、中心からずれた羽根に横回転の力を与えるので、クルクルと回りながら落ちるのです。

## 速さが変わるのは？

羽根の開き方を変えると回り方も変わります。羽根の開き方を変え、よく回るように調整すると、ゆっくり落ちるようにすることができます。

# ロケットチューブ

作るのが簡単なのに、よく飛びます！
距離を競って遊んでも楽しいです
よ。

遠くまで
飛ぶよ！

## 作り方

色紙

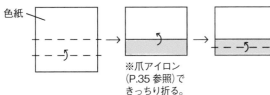
※爪アイロン
（P.35 参照）で
きっちり折る。

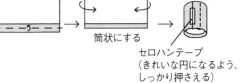
筒状にする

1cmほど
重ねる

セロハンテープ
（きれいな円になるよう、
しっかり押さえる）

## 遊び方

**1** チューブの側面を親指と人差し指、中指で持ち、ボールを投げるように一直線に投げましょう。ロケットのように飛んでいきます。

折ってるほう

**2** 距離を競ったり、的に当てるなど、いろいろな遊び方を考えましょう！

### なんで？どうして？

## 飛んでいくワケ

頭の重い筒型の飛行機はいつも飛ぶ方向に頭を向けるので、空気の抵抗をあまり受けることなく、一直線に飛んでいきます。頭が軽いと、筒が傾いて空気の抵抗を受けるので、うまく飛びません。遠くに飛ばすには、筒を斜めにせず、一直線に力を加えて投げるように飛ばすのがコツです。

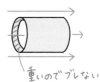
重いのでブレない

**息を吹き掛けると…回る！！**

# スピンフラワー

机の上でクルクルと回ります。模様を書いたり、キラキラ色紙を使ったりして、回る様子を楽しみましょう。

## 作り方

色紙（1/4）、または同じ大きさの色画用紙

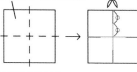

折り目を付ける　　　　　　折り上げる

## 遊び方

**1** 横から見て、中心部分が少しとがっているように折り目を調整します。

**2** 机の上に置き、折り目の中心に向かって真上から息を吹き掛けましょう！ 曲がるストローで吹き掛けてもいいですね。

フーッ

### うまくいく POINT

うまく回らないときは、以下の2点を確認しましょう。
・中心部分がとがっているか。
・折り曲げた羽根の曲げ方が均一になっているか。

## なんで？どうして？

## 回転するワケ

スピンフラワーには、同じ方向に斜めに折った4枚の花びら（羽根）があります。上から息（空気）を吹き掛けると、羽根は空気の流れる向きを変えます。すると羽根には流れを変えた方向と逆向きの力が働き、スピンフラワーを回転させます。

立ち上がりに息が当たって回る

息

# イカヒコーキ

少しのコツで、よく飛ぶヒコーキに！
だれのヒコーキがいちばん飛ぶかな？

**うまくいくPOINT**
少し隙間を
あけま
しょう。

**うまくいくPOINT**
紙は、折り目の付いて
いない真っすぐな紙を
使いましょう。

▷ **作り方**

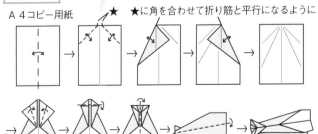

Ａ４コピー用紙　　★　　★に角を合わせて折り筋と平行になるように

折り筋に沿って折る

※ここでは、分かりやすいように裏面を白くしています。

34

遊び方

**1** 羽根を調整する

**a** 主翼は正面から見て、同じ角度になるように、少し上に反るように。

**b** 補助翼（前の小さな翼）は、正面から見て、上に反るようにねじり上げます。

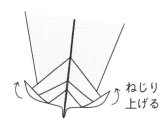

ねじり上げる

**2** 前から1/3の部分を持って、斜め上に一直線に押し出すように飛ばしましょう！

1/3

## よく飛ぶヒコーキを作る3か条 ✧

### **1** 折り方

- 折り目は、指の腹で折った後、爪アイロン※で決める！
- 折るときに、紙が机から出ないように机の上で折る。

### **2** 調整の仕方

- 羽根が少し上を向くように！　そうすると、飛んでいるときに地面と羽根が水平になる。

### **3** 飛ばし方

- 手首を使わず、一直線に押し出すように！

※爪アイロン…折った所に爪を当て、しっかり折り目を付けること。

**なんで？どうして？**

## よく飛ぶヒミツ

イカヒコーキは、主翼と補助翼（前に小さな翼）の翼をもっていますが、先頭の補助翼が重くそのまま飛ばすと、頭から落ちていくような飛び方になります。そのため、補助翼にねじりを入れることで、昇降舵となり、安定して飛ぶようになります。

前翼 ⬆上向きの力に  主翼

風

# クロスブーメラン

簡単であっという間に完成！ 回って
いるところがきれい♪

**うまくいく POINT**
正確に十字にしましょ
う！

┌─ 作り方 ─┐

```
2cm  2cm

    20cm
紙
の                              1cm
目      →            →    印に合わせ
                          て重ねる
                               1cm       ホッチキス
工作用紙        （中央から1cmの
                ところに印をつける）
```

┌─ 遊び方 ─┐

ブーメランの先を指でつま
みます。体の内側から外側
に向かって、手首を使って
回転させながら、斜め上に
投げます。

**うまくいく POINT**
できるだけ回転させる
ようにして、左右に傾
かないように投げま
しょう。

いくよー！

**なんで？どうして？**

# 遠くに飛ぶワケ

ブーメランは、回転によって飛ぶ力（揚力）
や姿勢を保つ働きが生まれます。斜め上
に回転させながら投げると、飛んできた
方向へ引き返します。慣れたら、投げる
角度や左右の傾きを工夫して、より遠く
へ、円を描いて飛ぶようにしましょう。

戻ってくるような
動きに

回転

推進力

風船を引っ張る！

# ミニ空気 バズーカ

見えない風によって的が倒れるのが
おもしろい！

風が
出てくる！

風船を引っ張る…

## 作り方

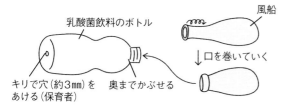

乳酸菌飲料のボトル

風船

↓口を巻いていく

キリで穴（約3mm）を
あける（保育者）　　奥までかぶせる

## 遊び方

ペットボトルをしっかり持ち、風船をグーっと引っ張り、的
を目掛けて放しましょう！　的の裏に点数を書いても。

的は、色紙 1/4 〜 1/2 を
半分に折って立てる

## なんで？どうして？

### 空気が出るワケ

ペットボトルの飲み口に付けた風船を後ろに
引っ張ることで、風船の中に空気が入り、手
を放すことで風船に入った空気が押し出され
ます。押し出された空気がペットボトルにあけ
た穴から出ることでバズーカになります。入る
空気の量が増え、押し出す力が大きいほど強
力なバズーカになります。

# おどる 葉っぱちゃん

ポリ袋を指でたたくと、音に合わせて踊り出す！

裏は…

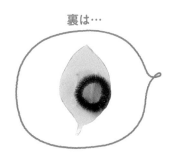

───── 作り方 ─────

モール（約5cm）
ねじる
貼る
裏に貼る
輪にした
セロハン
テープ
色紙

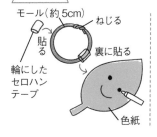

＜土台＞
カラーポリ袋
（ピンと張る）
ボウル
セロハンテープ

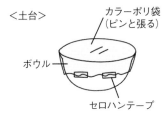

───── 遊び方 ─────

葉っぱちゃんを土台のポリ袋の上に置き、ポリ袋の端を人差し指と中指の2本の指で軽くたたくと踊り出します。

## なんで？どうして？

## 踊るワケ

ポリ袋をたたくと、上下振動がモールの毛に伝わります。その振動が、モールの毛の向きによって、横の動きに変換されます。このため、移動や回転をするので、踊っているように見えるのです。

毛によって
左右の動きへ

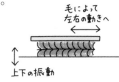

上下の振動

影を作ろう！

# 新聞紙 de シャドウアート

いろいろな形を作って、影を作りましょう。どんな影ができるかな？

影は…

---

## ▶ 遊び方

**1** 新聞紙を半分に裂いて、丸めたりねじったり…懐中電灯で影を映してみましょう。まずは、何に見えるか想像します。

**2** ウサギ、ヘビ、ドーナツなど、出てきたイメージをきっかけに、更にその形に見えるためにどうすれば良いか考えて作ります。

**更に** 洗濯ばさみを使ったり、アルミホイル、紙コップなどを組み合わせてみましょう。

## なんで？どうして？

## 影ができるワケ

光は真っ直ぐに進む性質があります。その光を遮ると、光が届く所と遮られて光が届かない所ができます。光が遮られて届かない所には、影ができます。光を遮るものが光源の近くにあると大きな影ができます。また、光を当てる位置や方向を変えることで影の大きさや形が変形します。いろいろと試してみましょう。

# 静電気フィッシング

ストローをティッシュペーパーで強く
擦ると、ストローが釣り竿に変身しま
すよ。

作り方

フラワーペーパー
もしくはティッシュペーパー
（1枚に剝がしたもの）

遊び方

**1** ティッシュペーパーを 1/4 に折り畳み、ストローを挟んで 10 回ほど強く擦ります。

**2** 魚にストローを近づけると…ストローに魚が付きます。

**うまくいく POINT**
晴れた冬の日など、空気が乾燥している日に遊ぶとうまくいきます！

つれた！

## 池も作って本格的に！

新聞紙を丸めて石に見立てて、並べたり、ビニールテープを床に貼ったりして、池を作ってみましょう。また、釣った魚を入れておくバケツとして、紙コップを使ってもいいですね。ペンで装飾して、自分のバケツが分かるようにしましょう。

つれた！

なんで？どうして？

## くっ付くワケ

物質は、（＋）と（－）の電気をもっていて、通常は釣り合った状態になっています。物同士を擦り合わせると摩擦によって電子が移動し、電気的な性質の偏りが起こります。この状態を帯電といい、静電気が発生する仕組みになります。帯電する際に、（＋）になるか（－）になるかは擦り合わせる物質の組み合わせによって変わり、もの同士がくっ付いたり、反発しあったりする原因になります。

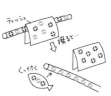

## 乾燥した日はうまくいく？

気温が低くなり湿度が低下すると、空気中の水分量が減り、物質表面の電気伝導性が低下するので、静電気が溜まりやすくなります。このため、強い帯電を起こすことができ、働く力もより強い状態が長く続きます。

## ストローに付く！？

# ツイストくん

ストローを動かすと、ツイストくんが
踊り出す！　みんなで踊ろう♪

### ▷ 作り方

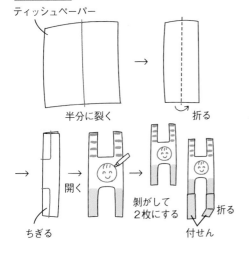

ティッシュペーパー

半分に裂く → 折る

→ ちぎる → 開く → 剥がして2枚にする → 折る 付せん

### ▷ 遊び方

**1** ストロー（太）2本を
ティッシュペーパー
で10回程度強く擦ります。

**2** ストローを両手に持
ち、ツイストくんの両
手に近づけると、ストロー
にくっ付きます。そのまま
持ち上げてストローを動か
すと、ツイストくんが立ち
上がって踊りますよ。

ストローで…

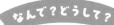

### うまくいく POINT

空気の湿度が高いと静電
気は弱くなります。静電
気の力が弱いときは、ス
トローの本数を増やして
みましょう！

### なんで？どうして？

## 付せんを貼るワケ

帯電したストローはツイ
ストくんの全身を引き付
けてしまいます。付せん
は、ツイストくんの足が
ストローにくっ付かない
ようにするための重りに
なります。

口の中に食べ物が！

# くいしんぼう クマさん

クマさんの口に食べ物を持っていくと…
いっぱい食べる！！

## 作り方

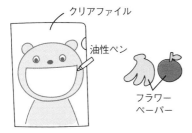

クリアファイル

油性ペン

フラワー
ペーパー

**うまくいくPOINT**
クマさんの口はできるだけ大きく描きましょう。

食べているみたい！

## 遊び方

**1** クマさんの絵の裏からティッシュペーパーで、口の中を10回ほど強く擦ります。

**2** 擦ったクマさんの口に食べ物（フラワーペーパー）を持っていくと、クマさんの口の中に食べ物がいっぱい入ります！

※食べ物が手に付くときは、箸を使うとうまく食べさせられます。

**うまくいくPOINT**
絵の裏からこすることで、手も汚れず油性ペンの色が消えません。

## なんで？どうして？

### くっ付かなくなるワケ

帯電したクリアファイルは、しばらくするとティッシュペーパーがくっ付かなくなります。これは静電気がなくなったのではなく、十とーの電気が同じくらいになって、電気がないのと同じ状態になったからです。

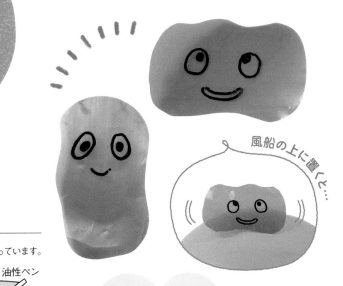

## 浮いてる！？
# ふわふわ アメーバ

風船の上にアメーバを置くと…浮いた？！！

風船の上に置くと…

### 作り方

※スズランテープは、袋状になっています。

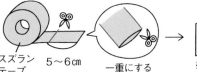

スズランテープ　5〜6cm　一重にする　油性ペン

※好きな形に切ってもOK。

### 遊び方

**1** 手にトイレットペーパーを3〜4重に巻きます。そのペーパーで、アメーバと風船を擦りましょう。

**2** アメーバを風船の上に置くようにすると、アメーバが風船の上に浮かんで逃げるよ！

湿気の多い時期には、静電気が起きにくいため、事前に試したうえで行ないましょう。少し長めのスズランテープを1〜2箇所縛り、細く裂いたものだとクラゲのように浮かび、うまくいきやすいです。風船の代わりに下敷きや輪にしたペンシルバルーンを使用してもいいですね。

### うまくいく POINT

アメーバは机の上に置き、スズランテープの繊維の方向に擦りましょう。風船は、腕で抱えたり軍手をはめたりするなどして、直接手で触らないようにします。（手の水分で静電気が逃げないように！）

### なんで？どうして？

## 浮くワケ

物同士を擦り合わせると摩擦によって電子が移動し、電気的な性質の偏りが起こります。トイレットペーパーでアメーバーと風船を擦ることで、アメーバーと風船が同じ電気的な性質（−）をもつことになります。風船にアメーバーを近づけると反発し合い、アメーバーがふわふわ浮くのです。

反発

風船

## ツルツルできれい！

# ツルピカ氷玉

持っているだけでうれしい、ツルツルでピカピカの氷です♪

---

### 作り方

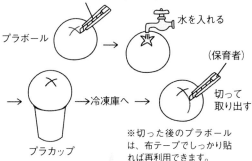

切れ目を入れる（保育者）

プラボール → 水を入れる

→ 冷凍庫へ → （保育者）切って取り出す

プラカップ

※切った後のプラボールは、布テープでしっかり貼れば再利用できます。

### うまくいく POINT

より気泡の少ない氷玉を作る場合は、中に入れる水には一度沸騰させて冷ました水を使います。更に、プラボールに布などをかぶせてゆっくり凍らせるといいですよ！

じっくりゆっくり凍らせよう！

### なんで？どうして？

## ツルピカのヒミツ

氷は常温では水（液体）になる性質があります。凍った氷玉を常温に置くと表面の氷が解けてきて表面が水面で覆われるためツルツルになり、光の乱反射がおさえられますので、ツルピカ氷玉になります。

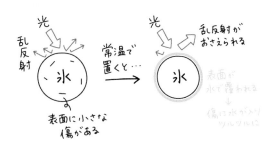

光　乱反射　→　常温で置くと…　→　光　乱反射がおさえられる

氷　表面に小さな傷がある

氷　表面が水で覆われる
↓
傷に水が入り
ツルツルに

# 紙コップの人形が動く！
## トコトコ アニマル

後ろに引いて手を放すと…トコトコ進む！

下は…

### 作り方

紙コップ → 折り上げる → ホッチキス → 重ねる → ☆ → ホッチキス

輪ゴム → セロハンテープ → 油粘土（工程☆で紙コップから少し出るくらいの大きさ）

輪ゴムを掛ける

1cm
2cm
1cmの切り込みを2つずつ入れる

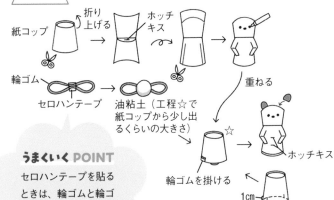

**うまくいく POINT**

セロハンテープを貼るときは、輪ゴムと輪ゴムの間を少し空けて貼りましょう。

### やってみよう！

なにしてるの？

コロコロ…

え？！

うごいてる？！

トコトコ…

えいっ！

どうやるの？

すごーい!!

やりたい

紙コップで簡単にできるよ

## 遊び方

動物の体部分を持ち、粘土の車輪を地面に接触させた状態で後ろに動かし手を放すと、アニマルがトコトコ進みます。難しければ、手で粘土の車輪を回して巻きましょう。

すすんだ！

### うまくいく POINT

輪ゴムが外れやすいときは、セロハンテープで留めましょう。

## 進むワケ

粘土の車輪を後ろに引くことで、輪ゴムが巻けます。何回か巻いて手を放すと、巻かれた輪ゴムが元に戻ろうとします。その力で粘土の車輪が回り、アニマルが動きだします。

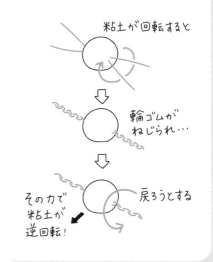

粘土が回転すると

↓

輪ゴムがねじられ…

↓

その力で粘土が逆回転！　戻ろうとする

---

## アレンジ　上から重ねる紙コップ次第で、いろいろなアレンジができますよ。

## ヨチヨチちゃん

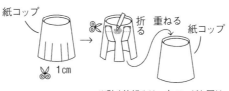

### 作り方

紙コップ　→　折る　重ねる　紙コップ

✂ 1cm

※動く仕組みは、左ページと同じ。

## 自分を作ろう！

\ひらめき☆身近な素材で/

# 発明

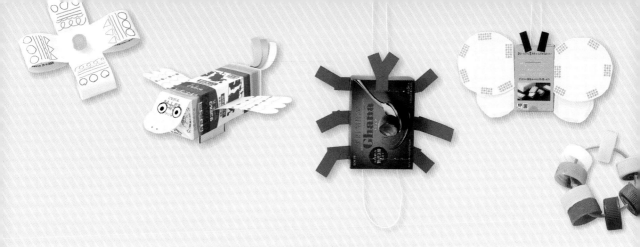

# おもちゃ

身近な素材は、遊びの宝庫！
作って遊んで、
子どもの感情を刺激し、
豊かな想像力や
知的好奇心を培おう☆

# 紙の発明
### (画用紙・色紙・ティッシュペーパー)

## 特徴

* いろいろな色や柄、厚みがある
* ティッシュペーパーは、軽くて柔らかで、水性ペンで染まる

> 何にでも変身できる万能素材！ 用途に合わせていろいろな紙を使いましょう。紙の目を生かすことで、長く遊べるおもちゃになるよ！

## 素材そのもので遊ぼう！

## 育ちの芽 🌱

● 紙の質感の違いを知る
● 折ったり巻いたりすることで変化する紙の特徴を知る

# 紙の楽器＆ひらひらちゃん

### 紙の楽器

包装紙を持って上下左右に動かしましょう。
紙がはためいて、音が鳴ります。

おとがでるよ〜！
バサッ
バサ
バサッ

### 遊びの point

包装紙だけではなく、新聞紙や色紙などいろいろな紙で試してみましょう♪

ひらひら〜
ひらひらひら〜
パタパタ

### ひらひらちゃん

ティッシュペーパーにペンでひらひらちゃんの顔や模様を描きます。口元を指でつまみ、上下に動かしながら泳がせてみましょう！ うちわであおいでも OK。

**発見しよう！** ● 吹く息の強さや指の押さえ具合で音が変わる！

**なぜ❓**

紙の隙間に吹き込むと、紙の間を高速で空気が通ります。このとき、空気が通った所は圧力が低くなり、紙の隙間が狭まりますが、息を吹き込み続けることで再び隙間が開いて、空気が通ります。

### 作り方

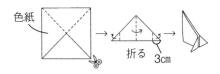

色紙
折る 3cm

### 遊び方

三角形の両端を開き、手のひらを手前側にして、人さし指と中指で挟むように支えます。強めに唇に押し当て、隙間に強く息を吹き込みましょう。隙間の幅や息を吹き込む強さを調整して、うまく鳴る吹き方を見つけましょう。

ピーッ

ジェット機のような爆音が鳴るよ！

キャーッ　こちょこちょ～

# ティッシュでこちょこちょ

## 育ちの芽 🌱

● ティッシュペーパーの柔らかな質感を感じる
● 友達との関わりを楽しむ

### 遊び方

ティッシュペーパーを紙の目に沿って半分に裂き、こよりのようにねじったら完成♪　くすぐり役とくすぐられる役に分かれます。時間を決めて（1分以内）、笑ったら負け。

### 遊びの point

目、鼻、耳の中はダメなど、安全に楽しめるようにルールをつくりましょう。

# エアー吹き矢

## 育ちの芽 🌱

● 空気の動きと働きを知る
● 数・計算に対する関心

### 遊び方

絵や数字を書いた色画用紙をL字型に折って立てます。
これを的にして、ストローで息を吹き掛けて倒しましょう。
倒した数字がポイントになります。

### 作るときの point

的は、倒れやすい形に折りましょう。

# ギザギザムシ

## 作るときの point

帯は5～6本で、最も細い帯の幅が4cm以上になるように切りましょう。

### 作り方

B5 コピー用紙

紙の目

→ 軽く折り目を付ける →

横から見ると…　とがらせる

→ 中心線に向かって半分、半分と外側に軽く折り目を付ける

ハの字になるように整える

### 遊び方

ギザギザムシのてっぺんの1つ後ろにフッフッフッと息を吹き掛けると…ギザギザムシが動きます!

フッフッフッ

ここに吹き掛ける

## 遊びの point

難しければ、ストローで吹くとうまくいきます。

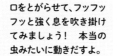

口をとがらせて、フッフッフッと強く息を吹き掛けてみましょう!　本当の虫みたいに動きだすよ。

フッフッフッ

進んだ!

発見しよう! ● ギザギザムシの動き方を観察してみよう

なぜ??

息を吹き掛けることで、紙がバネの働きをして、前に進む力になります。遊ぶときは、下に紙を敷くとうまくいきますよ!

# ジュース屋さん

**育ちの芽** 🌱
- 見立てる力
- コミュニケーション力

様々な色の色画用紙を小さな長方形に切り、半分に折ります。プラカップに入れたら、ジュースの完成♪

ミックスジュース

レモンジュース

イチゴジュース

ジュースの素

## 遊び方

注文に応じて、別のプラカップに色画用紙のジュースの素を入れて楽しみましょう。

はい、どうぞ

なにジュースにしますか？

イチゴとレモンのミックスジュースください

糸を上下に
動かそう！

## 作り方

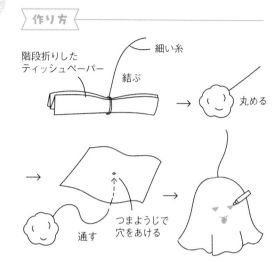

階段折りした
ティッシュペーパー

細い糸

結ぶ

→ 丸める

→ 通す

つまようじで
穴をあける

---

## 育ちの芽 🌱

- ティッシュペーパーの素材でできる造形のおもしろさ
- 畳んでできる染めのおもしろさ

# カラフルフラワー

## 作り方

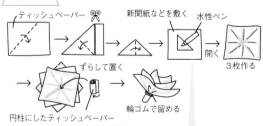

ティッシュペーパー ✂

新聞紙などを敷く

水性ペン

開く

3枚作る

ずらして置く

輪ゴムで留める

円柱にしたティッシュペーパー

### 作るときの point

ペンは、動かさずに置くようにして染み込ませて、着彩しましょう。ティッシュペーパーの裏まで色が付けばOK！

まとめて
花束にも！

# あみあみマット

## 育ちの芽 🌱

● カラフルな紙を組み合わせて編むおもしろさ
● 手指の巧緻性

> マットがいろいろな物に変身！ 紙の幅を変えたり、帯の形を変えたりすると、いろいろな模様が生まれるよ！

## 作り方

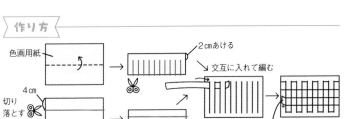

色画用紙

2cmあける

交互に入れて編む

4cm
切り落とす

端をのりで貼る

# 作品いろいろ

## ランチョンマット

マットをラミネートするだけ！

## ペン立て

上部を切り落としたペットボトルに、高さを合わせて折ったマットを巻き付けて完成☆

## バック

半分に折って、両端をのり付け。リボンを付けたらできあがり♪

# ひらめき✧ 菓子箱の発明

> 菓子箱は、テープやのりで接着できて加工しやすいよ。積んだり、中に入れたり、たたいたり…いろいろなおもちゃが考えられるね！

**特徴**

* 直方体や円柱など、いろいろな形がある
* 丈夫で積み重ねられる
* 中に物を入れられる

## 素材そのもので遊ぼう！

# 菓子箱のつみつみあそび

いろいろなお菓子の箱を集めて、積み上げたり、並べたりして遊びましょう！

**育ちの芽** 🌱
* いろいろな箱を組み合わせてできる形のおもしろさ
* 様々な物に見立てる

**準備の point**

ちょうつがい式の蓋がある菓子箱は、あらかじめテープで留めておきましょう。

**遊びの point**

高さを競ったり、長さを競ったり、形のおもしろさを競ったりしながら、ルールを決めて遊んでも楽しい！

# たいこあそび

### 遊びの point

丸箸でたたくと良い音が出ます。いろいろな物で試して、お気に入りの音を見つけましょう。

穴に布テープをピンと貼るだけで音が響く！

**発見しよう！**
- たたく場所によって、音が違う！
- 箱状の物を太鼓にすることで音が響く

**なぜ？**

太鼓をたたくとテープを張った部分が振動し、周囲の空気を押したり引いたりして空気の波を創り出します。その音の波（音波）が人の耳の鼓膜を振動させ、音を伝えます。たたく場所を変えると振動の仕方が変わるので音が変わるのです。

**作り方**

（保育者）
大きい菓子箱

布テープで穴を覆う

※布テープはピンと張りましょう。

# 箱でリズム

**発見しよう！**
- 箱の形・素材、中に入れる物で音が違う！

**音をつくってみよう！**

### ● 雨の音
底に凹凸のある使い捨ての弁当箱やお菓子の空き缶に凹凸のあるビーズを入れて、傾ける

### ● 雷の音
大きめの菓子箱に木製の積み木を入れて、大きく振る

### ● 風の音
円筒形の菓子箱にしわを付けたセロハンを入れて、ゆっくり回転させる

いろいろな物を入れ、箱を振って音を確かめ、気に入ったらテープで蓋を留めましょう。（中に入れるものは、P.97 参照）

# ゴムゴムギター

 **発見しよう！**

● 輪ゴムの大きさや張り具合によって音が違う！
● 「く」の字にして入れる厚紙によって、響き合う大きな音に！

### なぜ⁇

輪ゴムの張り方や太さを変えると空気の振動が変化し、音が変わります。厚紙によって発生した波が様々に反射し増幅され、響き合いの生まれる大きな音になります。

**まずは…**
作る前に、菓子箱にいろいろなサイズの輪ゴムを掛けます。張り具合を変えた輪ゴムを指で弾いて、音の違いを楽しみましょう！

いいおとができた！

## 作り方

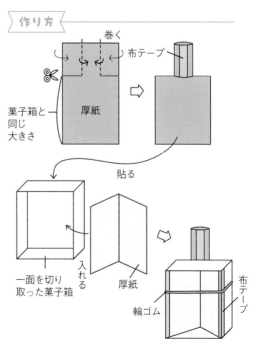

巻く　布テープ

✂ 菓子箱と同じ大きさ　厚紙

貼る

一面を切り取った菓子箱　入れる　厚紙　輪ゴム　布テープ

## 育ちの芽 🌱

- 色紙を畳んで切ってできる模様のおもしろさ
- 好きな箱を飾るデザイン力

ここを切ったら…こんな形ができた!

子どもたちは「秘密」が大好き♡

# ひみつ箱を作ろう

### 準備の point

長く使う箱なので、できるだけしっかりとした箱を選びましょう。

## 飾り切りいろいろ

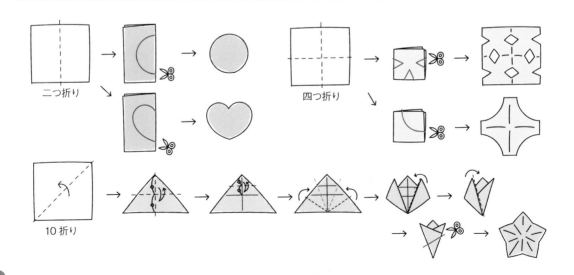

二つ折り

四つ折り

10折り

ひもを交互に引っ張ったら動く!! ストローを「ハ」の字に貼ることがポイント。

裏は…

※ストローは、「ハ」の字に貼りましょう。

# 動く生き物

## 育ちの芽 🌱

● 仕組みのあるおもちゃで動く不思議やおもしろさを感じる

### なぜ ⁇

輪ゴムがあることで、下へ引いた方のたこ糸が真っすぐになり、ストローの引っ掛かりがなくなって、糸だけが下へ行きます。糸を緩めるときは、ハの字形になったストローが引っ掛かり、ゴムの弾力で糸と一緒に生き物が上に行きます。これを交互に繰り返して生き物が上がっていきます。

## 準備の point

ストローは細めのストロー(直径約4mm)を使いましょう。

## 作るときの point

輪ゴムにたこ糸を結び付けるときは、強く2回以上固結びをします。糸の先は2cm以上出すようにすると、糸が外れにくくなりますよ。

### 遊び方

輪にしたたこ糸をフックなどに引っ掛けた後、たこ糸をピン!と張り、糸を左右交互に引っ張ると、生き物が体を左右にふりふりしながら動くよ。

### 作り方

菓子箱

セロハンテープ
(しっかり留める)

ストロー
(3cm)

たこ糸

2cm

輪ゴム

たこ糸(2m程度)

# くるくるフラワーアレンジメント

育ちの芽 🌱

● 画用紙の帯を巻くことで
　できる形のおもしろさ
● 手指の巧緻性（こうち）

作り方

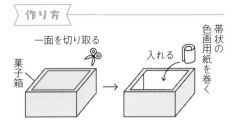

一面を切り取る

菓子箱

入れる

帯状の色画用紙を巻く

## 作るときの point

固定したいときは、箱の底に両面テープ、またはのりを厚めに塗ってから、画用紙を入れていきましょう。プレゼントにもぴったりです！

## 作品いろいろ

**リボンを掛けて
プレゼント♪**

画用紙を2cm、3cmごとに折り目を付けてから巻いていくと変化のある花になります。

# ひらめき✧ 紙パックの発明

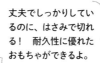

**特徴**

＊ 大きさがそろっている

＊ はさみで切れる

＊ 強度があり、水にも強い

> 丈夫でしっかりしているのに、はさみで切れる！ 耐久性に優れたおもちゃができるよ。

## 素材そのもので遊ぼう！

## 紙パック de 縦縦横横ゲーム

**育ちの芽** 🌱

● 手首の返し方や体の柔らかな動き

紙パックをきれいに洗って乾かしたら、元通りの形に。注ぎ口を布テープで留めたら OK。紙パックのてっぺんをつまんでくるっと1回転！ 立ちにくいようなら、底に新聞紙の重りを詰めてみましょう。

えいっ！

くるくるん

がんばれ

### 遊びの point

紙パックがうまく立ったら 10 点、横になったら 3 点などいろいろなルールを決めて遊びましょう。

10 点

3 点

# 紙パック積み木

崩れないように高く積んでみよう！

魔法の ## 紙ものさしを作ろう ✧

細長く切ったコピー用紙を紙パックと同じ長さにします。その紙帯を3回半分に折って8等分し、折り筋に合わせて印を付けてから切ると、きれいに8等分できますよ。

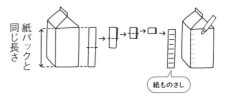

紙パックと同じ長さ

→ → →

紙ものさし

## 育ちの芽 🌱

● 紙の輪が組み合わさった形のおもしろさ

### 作り方

紙パック

→ 8等分する →

四角形

→ 三角にして、テープで留める

三角形

## 積み方いろいろ

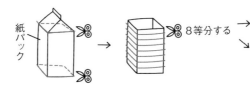

紙パックを切るだけで、簡単積み木に変身！

## プラスアイディア

紙パックの帯を三角形、丸形にして四角の中に入れてテープで留めます。更にいろいろな積み方が楽しめますよ！

## 育ちの芽 🌱

● 指をひねる動作
● 物が回転する不思議や
　おもしろさ

ボトルキャップを
つまんで回そう！

# 花ごま

### 作り方

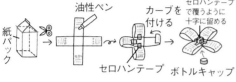

紙パック → 油性ペン → カーブを付ける
セロハンテープ ボトルキャップ
セロハンテープで覆うように十字に留める

回すと…

コマの上下に軸代わりのボトルキャップを付けているから、簡単にコマが完成！

### 遊びの point

回り始めたら、花びらの端の部分を回転方向に沿ってたたくようにすると、回り続けます。平らな所で回しましょう！

## 育ちの芽 🌱

● 全身の動かし方を知る
● 数に対する関心が芽生える
　（点数を書いた的にすることで）

それっ！

# 紙パックフリスビー

### 遊び方

フリスビーの端を持ち、手首を使って内側から外側に回転を与えながら飛ばします。的は、3〜5mの所に置きましょう。（的は、P.78参照）

### 作り方

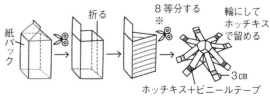

紙パック → 折る → 8等分する ※ → 輪にしてホッチキスで留める
3cm
ホッチキス＋ビニールテープ

※紙パックを8等分するには、紙ものさし（P.64参照）を使いましょう。
※それぞれの羽根の角を切ると、より安全にできます。

# モグモグちゃん

いろいろな食べ物を作って、食べさせて遊ぼう♪

## 育ちの芽 🌱

● 食への関心を高める
● 手指の巧緻性（こうち）

横から見ると…

紙パックの底を握るので、子どもでも動かしやすい!

## 作り方

底に穴をあける（保育者）

紙パック

平らに潰して折る

## 遊び方

モグモグちゃんの口に食べ物を入れ、口をパクパク動かしながら遊びます。底に穴があいているので、どんどん食べられます!

## 遊びの point

子どもの腕などをパクッと食べても盛り上がります。

# パタパタパック鳥

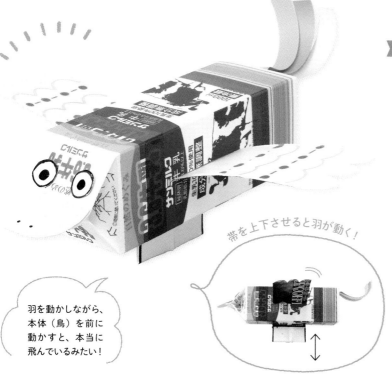

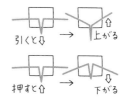

育ちの芽 🌱

● 動く仕組みに対する
興味や関心

なぜ ？？

紙パックの下から出ている帯を
上下に動かすことで、シーソー
のように（てこの原理）両方の
羽が動きます。

正面から見ると…

引くと⇩ → 上がる

押すと⇧ → 下がる

羽を動かしながら、
本体（鳥）を前に
動かすと、本当に
飛んでいるみたい！

帯を上下させると羽が動く！

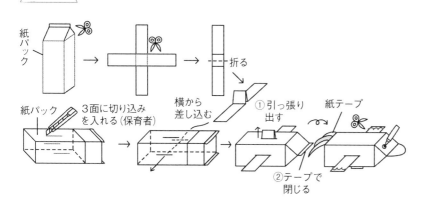

## 作り方

紙パック ✂

→ → ＝ 折る

紙パック
3面に切り込み
を入れる（保育者）
横から
差し込む
①引っ張り
出す
紙テープ ✂

②テープで
閉じる

## 遊び方

パック鳥の胴体を持ち、下
から出ている帯を上下に動
かします。

# キューブでおはなし「あのね」

育ちの芽 🌱
- 自分の思いや考えを言語化する力
- 友達とのコミュニケーション力

## 作り方

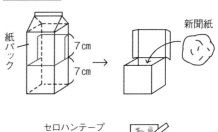

紙パック　7cm　7cm　新聞紙

セロハンテープ　貼る

## 遊び方

キューブを転がして、出た絵の質問に答えます。

すきなどうぶつは
ウサギです！

例

 →「あなたの名前は
なんですか？」

 →「好きな遊びは
なんですか？」

 →「好きな果物は
なんですか？」

 →「仲良しの友達は
誰ですか？」

 →「好きなおやつは
なんですか？」

 →「好きな動物は
なんですか？」

## 作るとき&遊びの point

絵を描くのが難しい場合は、色紙を貼っても OK！

例

 →「秘密はなんですか？」

 →「うれしいことはなんですか？」

 →「楽しいことはなんですか？」

 →「何でも、あのね」

 →「何して遊びたい？」

 →「大好きな人は誰ですか？」

# ひらめき✧ 紙コップ＆紙皿の発明

**特徴**

＊ 大きさがそろっていて、形状を生かした造形が可能

＊ 重ねたり、組み合わせたりできる

＊ 紙なので、切ったり描いたりできる

切り開いたり、穴をあけたり、様々な物に見立てることができる自由度の高い素材だよ！

## 素材そのもので遊ぼう！

# つみつみタワー

紙コップと紙皿をどんどん積み上げていきます。
組み合わせを工夫して、積んでみましょう！

**育ちの芽** 🌱

● 組み合わせてできる形のおもしろさ

● 積み方を考える力

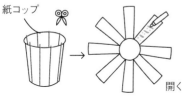
# 紙コップブーメラン

作り方

紙コップ ✂

→ 開く

作るときの point

最初の切り込みは、つなぎ目に沿って切ると切りやすい。

遊び方

ブーメランの羽根1枚を持ち、体の内側から外側に向かって右回転させながら、斜め上に向かって飛ばします（左手で飛ばす場合は、左回転）。

遊ぶときの point

斜め上（45度くらい）に向かって、手首を使って高速回転させながら飛ばしましょう。

育ちの芽 🌱
● 作ったものを身に着ける楽しさ
● 厚い紙を切ることに挑戦

Ⓐ

Ⓑ

# ステキアクセサリー

作り方

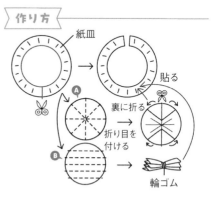

紙皿

Ⓐ
→ 裏に折る
折り目を付ける

貼る ✂

Ⓑ

→ 輪ゴム

作るときの point

首の部分が外れやすいときは、輪ゴムで留めましょう。

輪ゴム

テープ

# おしゃべりライオン

### 育ちの芽 🌱

- 紙を折って作る仕掛けのおもしろさ
- 凹凸によって線が浮かび上がる不思議

## 作り方

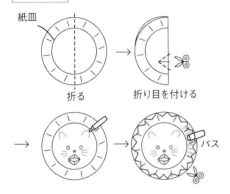

紙皿

折る → 折り目を付ける

→ パス

### 作るときの point

たてがみをパスで塗るときは、紙皿の凹凸部分を塗ります。フロッタージュのような効果で、たてがみの線が浮かび上がりますよ。

### 作るときの point

はさみは、中央より奥の部分を使って切りましょう。

パクパク
口が動くよ

## memo

紙皿は、はさみの練習にぴったり！　4歳児におすすめなのは、たてがみに切り込みを入れる直線の止め切りです。最初は、切る長さだけはさみを入れて一回で切るようにすると、切りやすいです。5歳児では、連続してなみなみやギザギザ切りに挑戦してみましょう。子どもの発達に合わせた活動内容にしましょう。

## 遊び方

ライオンを持って、縦の折り目に沿ってパタパタさせると、口が開いたり閉まったりします。パクパクさせながら、みんなとお話しましょう。

# トコトコうさぎ

指を足に見立てて、いろいろな動物に変身♪

## 作り方

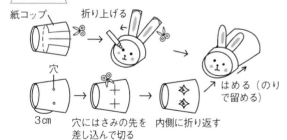

紙コップ　折り上げる

穴

3cm　穴にはさみの先を差し込んで切る　内側に折り返す　はめる（のりで留める）

## 遊び方

紙コップの内側から手を入れ、穴から人さし指と中指を出して、足に見立てて遊びましょう。

こんにちは

## 動物いろいろ

余った紙コップの切れ端は、細長く切ってホッチキスでつなぐと…しっぽに☆

## 育ちの芽

- 紙皿の形状を活かした造形のおもしろさ

### 作り方

折る　折り込む

半分に折った紙皿

### 遊び方

頭をトンと押すとゆらゆら揺れます。頭部の折り込みを大きくして、下を向くように調整すると…ごはんを食べる鳥にもなりますよ。

### 遊びの point

紙皿が広がるようになったら、セロハンテープを貼って留めましょう。

## コイコイちゃん

足は、真っすぐに折りましょう！

## 育ちの芽

- たたいた方向に動く不思議を感じる

### memo

斜めになっている紙皿の縁を細かくたたいて振動を加えると、たたいた下の足がバネになって、たたいた方向に進む力が働きます。下に紙を敷くとやりやすい。

### 遊び方

好きな動物を指でトントンとたたくと、たたいた方向に動きます。

### 遊びの point

三角形の部分は真っ直ぐ立て、動物の頭（紙皿の縁）をたたくのがコツです。

### 作り方

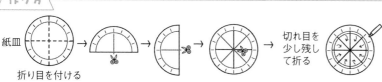

紙皿　　折り目を付ける

切れ目を少し残して折る

# もこもこちゃん

## 育ちの芽 🌱

- 空気の働きを知る（膨らむことで可視化）

### ▷ 遊び方

ストローから息を吹き込むと、紙コップの中からもこもこちゃんが飛び出します。

### ▷ 作り方

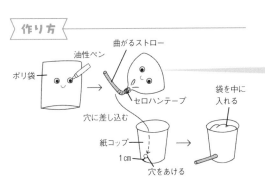

ポリ袋　油性ペン　曲がるストロー　セロハンテープ　穴に差し込む　紙コップ　1cm　穴をあける　袋を中に入れる

### 作るときの point

ストローを袋の中央に入れてから、袋を周りからジグザグに折り畳むようにしましょう。空気が漏れないよう、しっかり留めます。ストローは、曲がる部分の手前まで入れましょう。

### 作るときの point

ポリ袋は、薄手の半透明の物を使うと存在感が up します。一度の息で膨らむように、ポリ袋は S サイズ、傘袋は半分に切って使いましょう。テープは空気が漏れないようにしっかり巻きましょう。

## 作品いろいろ

### テープで留めて耳に

### 傘袋でニンジン！

### キラキラテープを入れて

息を吹き込むとテープがくるくると回っておもしろい！　吹き出す息でうまくテープが動くように、調整しましょう。

袋の角に幅5mm ほどの空気穴を作ります。

# ひらめき✧ ペットボトルの発明

### 特徴

* ＊ 透明で軽くて丈夫
* ＊ 口が丸い形状で滑らか
* ＊ キャップはカラフルで同じ大きさ

ボトルの特徴的な形を生かしたおもちゃがたくさんできる！ 軽くて丈夫な素材なので、輪ゴムなどと組み合わせて仕組みを作れるよ。

## 素材そのもので遊ぼう！

# ペットボトルコロコロ〜

アスファルトの道で円筒形のペットボトル（1ℓまたは1.5ℓ）を、斜めに落とすように転がしてみましょう。低い音を奏でながら転がりますよ。

※遊ぶときは、必ず車や自転車、歩行者が通らないことを確認しましょう。

**発見しよう！**
* ● ペットボトルの大きさ、表面の凹凸の形によって音が違う
* ● 転がし方（そっと、投げるように、速く など）によっても音が変わる

**なぜ？？**

物（ペットボトル）が地面にぶつかって、空気が震えることで音が鳴ります。ペットボトルの長さや大きさが変わることで、ぶつかる面が変わり、発生する音が変わります。

**準備の point**

ボトルキャップは外して転がしましょう。

**遊びの point**

転がし方をいろいろ工夫して、ステキな音を探してみよう！

# カラフルブレスレット

育ちの芽 🌱

● いろいろな色への興味や関心
● 好きな色を組み合わせて、楽しむ

ブレスレットを着けて手首を回すと良い音がするよ！

## 作り方

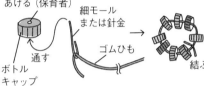

キリで穴をあける（保育者）

細モールまたは針金

ボトルキャップ

通す

ゴムひも

結ぶ

# クリスタルけん玉

育ちの芽 🌱

● 集中力を養う
● 数への興味をもつ（数えながら挑戦することで）

ペットボトルの特性を生かして簡単にできるおもちゃだね♪

## 作り方 （保育者）

500mlのペットボトル　1ℓのペットボトル　油性ペン

ビニールテープ

たこ糸を中に入れ、キャップを閉める

約60cmのたこ糸

先を二重にして玉結び

結び目をボトルキャップの中に挟み、ビニールテープで留める

ビニールテープでつなぐ

## 遊び方

ボトルキャップの連結部分を持ち、キャップをペットボトルの中に入れて遊びます。連続で何回入れられるかなど、ルールを決めて遊びましょう。

1.2…

# あわめいろ

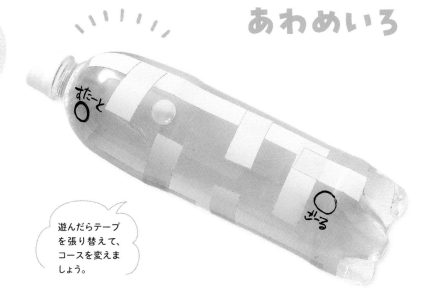

## 育ちの芽 🌱

● 水の中に浮かぶ泡（空気）に対する興味や関心

### なぜ ??

空気の中には、空気より重たい水の粒（分子）が少数浮んでいます。それに対して、水はほぼ水の粒のみが集まった物です。空気は水より軽いので最も高い所に集まって気泡になります。

> 遊んだらテープを張り替えて、コースを変えましょう。

## 作り方

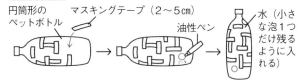

円筒形のペットボトル　マスキングテープ（2〜5cm）　油性ペン　水（小さな泡1つだけ残るように入れる）

## 遊び方

空気の泡をコマにして、スタートからゴールまで迷路あそびを楽しみましょう。

## 迷路いろいろ

らせん迷路、階段迷路など、いろいろな迷路を考えましょう。

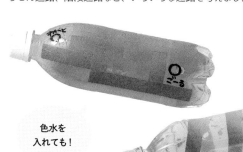

色水を入れても！

中にスパンコールを入れ、水にPVA洗濯のりを少し入れると、ゆっくりキラキラしてきれい！

> こっちだ！むずかしい…！

# ペットボトルバズーカ

上から見ると…

ゴムの張りを
均一に！

**memo**

輪ゴムは、弾力のないゴ
ムの粒（分子）に、硫黄
という物質を化合してつな
ぎ留めることで伸び縮みす
る性質が生じます。

ゴムの分子

硫黄

**遊び方**

新聞紙のボールを
バズーカの中に入
れ、ひもを引いて放
します。

的を作ったり、高さ
や飛距離を競ったり
しましょう。

## 的いろいろ

紙パック（口を閉じて箱型にし、布テープで留める）
やペットボトルに数字の紙を貼るといいですね。い
ろいろな形の的を考えてみましょう！

**作り方**

500mlの
ペット
ボトル
（円筒形）

→ セロハン
テープ

輪ゴム（2本）
（保育者）✂ → 中央で結ぶ

切り込みに
輪ゴムを
掛けて、
テープで
留める

ひも

新聞紙を丸
めてテープ
で留める

※ペットボトルの切り方は、P.115 参照。

# ジャグリングバトン

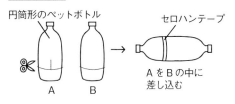

## 作り方

円筒形のペットボトル

A　B　→　セロハンテープ

A を B の中に差し込む

ペットボトルだからこそ、軽くて投げやすいバトンに変身!

## 遊び方

### ● 何回回せるか

ペットボトルの先を持ち、上に放り投げて、何回回せるかな?
落としたらアウト!

### ● 交互にキャッチ

片手にバトンを持ち、左右交互にバトンを投げてキャッチします。連続で何回できるか数えてみましょう。

### ● 2人ペアで

バトンを一人ずつ、または 2 人同時に投げ合います。両方キャッチできたら成功です!

# ひらめき✧ ペーパー芯の発明

**特徴**

* 基本的に直径・長さが同じ
* 紙素材なので、比較的加工が簡単

そのまま使ったり、輪切りにしたり。簡単に加工できて、ペンでの装飾もOK！

## 素材そのもので遊ぼう！

# ペーパー芯の つみつみゲーム

ペーパー芯を横にまたは縦にして、どんどん上に積み上げていこう。できるだけ高く積み重ねましょう！ペーパー芯が崩れないように…ドキドキ感が楽しい！

### 育ちの芽 🌱

● バランスを考えて、物を積むおもしろさ
● 何度も挑戦する気持ち

グラグラする　あ〜！　たおれた！　ドキドキ　コロコロ

### 準備の point

すぐに崩れてしまう場合は、平らな床の上でやると高く積めますよ。

### 遊びの point

ルールを決めて積み重ねても楽しいですよ。

● **2人以上で**　時間を決めてペーパー芯を積み上げていき、高い方が勝ち！
● **1人で**　何段積めるかチャレンジ♪

# つながれつながれ

## 育ちの芽 🌱

- 物をつなげるおもしろさ
- 集中力が増す

ペーパー芯を切った
だけなのに、こんな
に遊べるおもちゃに！
ペーパー芯のカーブ
をうまく利用♪

## 作り方

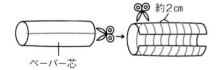

約2cm

ペーパー芯

## 遊び方

S字フックを自分の身近に
ある留め具に引っ掛けた後、
幾つのパーツを引っ掛けら
れるかチャレンジ！　2人組
で考えながら、または、2
人で競争してもおもしろい
ですね。

# ペーパー芯でブレスレット

### 作り方

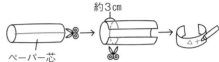

約3cm

ペーパー芯

# ペーパー芯
# アニマル

保育者が用意した
ペーパー芯に少し手
を加えると、形が変
化することを見せて
から始めましょう。

### 作り方

<保育者の準備>

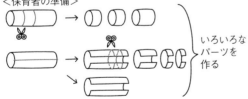

いろいろな
パーツを
作る

差し込んで、
ホッチキスで留める

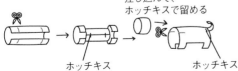

ホッチキス

ホッチキス

82

育ちの芽 🌱

● 手足の不思議な動きにより、
集中力 up ！
● ストーリーをつくる力

ボトルキャップが床に着く音や動きもおもしろい♪

## memo

糸の先にボトルキャップを付けることで、ふりこのようになりフラフラ動きます。また、キャップの側面とペーパー芯の側面が擦れ合い、おもしろい動きが生まれます。

## 遊び方

ひもの先を持ち、上下左右にひもを動かしマリオネットを動かして遊びます。

※マリオネットを上下左右に動かしながら前後させると、生きているように動きますよ！

## 作り方

ペーパー芯
穴をあける
結ぶ
通す
たこ糸

キリで穴をあける（保育者）
通す
ボトルキャップ

たこ糸
パンチ穴

※ボトルキャップは、糸の先を固結びしてテープで留めてもOK。

# コロコロコロタン

**発見しよう！**
- ●斜面を転がすと音が鳴る
- ●斜面の角度によって音が違う！

### memo

段ボール板や工作用紙などの硬くて振動しやすい斜面を転がすとカタカタと音がします。布などを敷いた柔らかい斜面では、音がなりません。

コロタンの足に色を付けたり、筒に顔を描くとおもしろい！

## 作り方

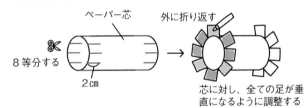

ペーパー芯

8等分する

2㎝

外に折り返す

芯に対し、全ての足が垂直になるように調整する

## 遊び方

斜面で転がして遊びましょう。誰のコロタンが速いか、友達と競ってもいいですね。

## 作るとき＆遊びの point

コロタンの足の長さ（基本は2㎝）を変えると転がり方が変わります。

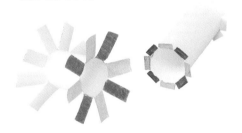

コロタンの足のちょっとした切り方の違いで転がり方が変わる！ いろいろ作って試してみよう♪

凸部分を油性ペンで塗り、光に透かすとキレイ！

**特徴**

＊ プチプチとした感触が気持ち良い

＊ 丸い凸部分が均等に付き半透明

＊ 水に強く、浮く

素材そのもので遊ぼう！

# プチプッチン競争

プチプチシートを約3×30㎝の帯に切って競争します。みんなでいろいろなルールを決めて遊びましょう。

● **個人競争**

1人1本を持ち、端からプチプチを潰していきます。先に全部潰した人が勝ち！

● **2人競争**

両端から潰し始め、半分より先に進んで潰した人が勝ち！

**育ちの芽** 🌱

● 感触の気持ち良さ
● 手指の巧緻性（こうち）
● ゲームの楽しさ

**準備の point**

プチプチシート3㎝の幅の中に、潰れていない粒が2列あるように切りましょう。

# プチプチローラー
## で遊ぼう

 発見しよう！
- プチプチの凸部分が紙に写る！
- 色と色の重なりがきれい

ローラーをした紙に更に絵を描き足しても、この紙を背景にして製作物を飾ってもステキ！

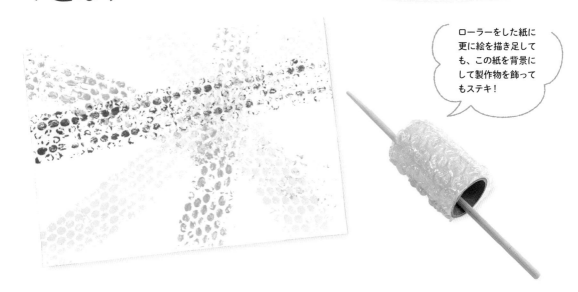

---

> **作り方**

ラップ芯　（保育者）
4〜6cm

巻く
両面テープ　※凸部分が外になるように
プチプチシート

丸箸を通す
※箸ではなく、指を筒の中に入れてもできます。

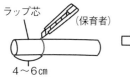

> **遊び方**

紙皿に絵の具を入れ、中性洗剤を入れて溶かします。筆でプチプチローラーに色を付け、丸箸を通し、紙の上でゆっくりと転がしましょう。指を中に入れて転がすこともできます。色や幅を変えてローラーを転がすときれいですよ。別の紙で試してから取り組みましょう。

中性洗剤　絵の具

下に新聞紙を敷く

### 作るときのpoint

転がしにくいときは、プチプチシートを3〜4重にしましょう。

### 遊びのpoint

水の代わりに中性洗剤を入れて絵の具を溶かすことで、プチプチシートが絵の具をはじかず、きれいに写ります。

- プチプチの凸部分に好きな色を付けていく感触のおもしろさ
- 投げてキャッチする運動の基礎

# カラフルプチプチボール

当たっても痛くないので、室内でもボール遊びができるね!

## 作り方

凸部分に油性ペンで色を付ける

→

セロハンテープ

包む

プチプチシート（30 × 30cm）

（色付けせず、丸める）

凸部分を内側にして、丸めた色を付けていないプチプチシートを巻くように包んで丸める
※セロハンテープで留めながら丸い形にする

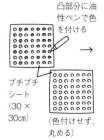

# プチプチ アートウィンドウ

プチプチシート（10 × 10cm）に油性ペンで絵を描きます。透明テープでつないで、窓に貼りましょう。

発見しよう!

- 光が透けてキラキラする!
- 床に色の影ができる

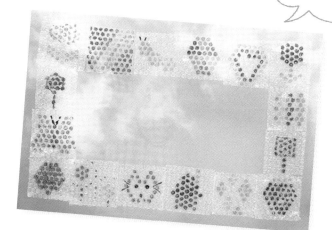

## 作るときの point

透明テープの接着面を上にして、プチプチシートをのせて固定できたら、もう1枚のテープを貼り付けましょう!

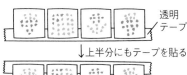

透明テープ

↓上半分にもテープを貼る

# おさかなバッグ

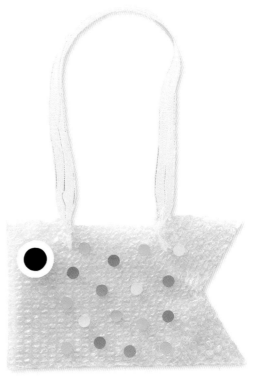

ぼくの
バッグ！

**育ちの芽** 🌱

● 物を見立てる力
（プチプチや丸
シールをウロコ
に見立てる）

作り方

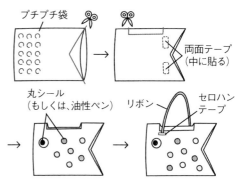

プチプチ袋

両面テープ
（中に貼る）

丸シール
（もしくは、油性ペン）

リボン

セロハン
テープ

## 作るときの point

プチプチ袋がない場合は、プチプチシートを袋状にし
て作りましょう。

# 変身！
# プチプチアクセサリー

プチプチシートは柔らかいので、身に着けるのにピッタリ♪ セロハンテープで自由につなごう！

### 作り方

**リボン**

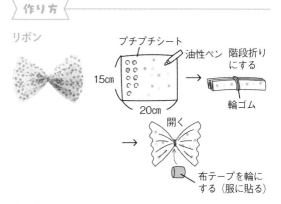

プチプチシート　油性ペン　階段折りにする

15cm　20cm

輪ゴム

開く

布テープを輪にする（服に貼る）

**ネックレス**

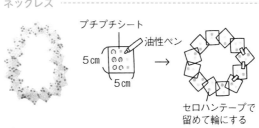

プチプチシート　油性ペン

5cm　5cm

セロハンテープで留めて輪にする

**ブレスレット**

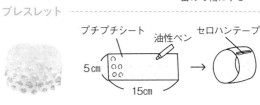

プチプチシート　油性ペン　セロハンテープ

5cm　15cm

**イヤリング**

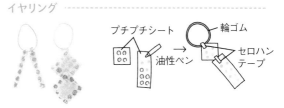

プチプチシート　輪ゴム

油性ペン　セロハンテープ

89

**特徴**

＊ 切ったり、貼ったり、描いたり、造形がしやすい
＊ 紙袋に折り目を付けることで立体ができる

柄も大きさもいろいろ。作りたい物に合った紙袋や封筒を探そう!

素材そのもので遊ぼう!

# 紙袋ブロックを作ろう

大小の紙袋を逆さにし、好きな絵を描いたら…紙袋の形を整えて立てましょう。袋の折り目をしっかり付けて、袋の強度を保ちながら、そろりそろりと紙袋を積み上げていきましょう。並べ方や積み方を工夫できるといいですね。

**育ちの芽** 🌱

● 紙袋の強度を保ちながら、積み方や並べ方を工夫する
● 友達と協力する

# シャカシャカヨーヨー

小さめの紙袋で作りましょう。

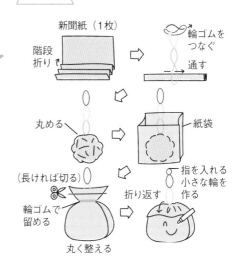

新聞紙（1枚）

階段折り

⇨ 輪ゴムをつなぐ

→ 通す

丸める

⇨ 紙袋

（長ければ切る）

✂ 輪ゴムで留める

折り返す

指を入れる小さな輪を作る

丸く整える

輪ゴムの先の小さな輪の中に指を入れて、ヨーヨー遊びをしましょう！　おはじきなどを入れるとシャカシャカ音が鳴っておもしろい。何回つけるか挑戦しましょう！

シャカシャカ
1.2..
4.5..
シャカシャカ

# 紙袋キャッチ

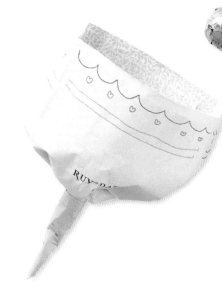

紙袋をねじるだけでキャッチャーの完成♪手軽にできるので、いつでも楽しめるね。

## 作るときの point

新聞紙ボールは軽く丸め、紙袋キャッチのカップに入る大きさにしてテープで留めましょう。

## 作り方

紙袋 ⇨ 下半分をねじる

開く

テープを巻いて固定してもよい

## 遊び方

### ● 1人で

自分で新聞紙ボールを上に投げ、落ちてきたボールを紙袋キャッチで受け止めます。

#### 遊びの point

紙袋の大きさ、新聞紙ボールの大きさを変え、難易度を変えて遊びましょう。

### ● 2人で

1人が新聞紙ボールを投げて、もう1人が紙袋キャッチで受け止めます。ボールを取り出し、相手にボールを投げて、キャッチすることを繰り返しましょう。何回できるかな？

# 封筒ちゃん人形

## 育ちの芽 🌱

- 友達とのコミュニケーションを楽しむ
- 自分の人形に愛着をもつ

紙袋に指が入る穴を2つあけ、親指と小指を出せば…紙袋ちゃん人形に大変身！

### アレンジ

封筒の前面に穴を2つあけてもかわいい封筒人形に！

# 紙袋マンに変身！！

頭からかぶれる大きめの紙袋を使って、紙袋マンに変身！

## 育ちの芽 🌱

- 自分で考え、想像する力
- 自分で作った物を身に着ける喜び

## 遊びの point

紙袋に穴をあけて、お面を作りましょう。色紙で飾ったり、ポリ袋のマントを付けたりして、紙袋マンにピッタリの衣装を考えると楽しいですよ。

# バタバタちゃん

## 育ちの芽 🌱

● 輪ゴムの力を
　感じる

中には…

友達にプレゼン
トしてみよう!
開けてみると…
ビックリ!

## 作り方

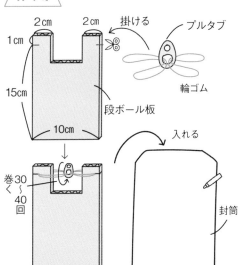

掛ける

プルタブ

輪ゴム

2cm　2cm
1cm
15cm
10cm
段ボール板

巻30〜40回く

入れる

封筒

## 遊び方

「ゆっくりのぞいてね」と言いながら、相手に
渡します。封筒を開けると…バタバタと大き
な音を鳴らします。

## アレンジ

バタバタと音を
たてながら、しっ
ぽが中に入って
いくよ♪

中には…

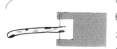

輪ゴムを30〜40回巻いて
から、しっぽをセロハンテー
プで貼り、封筒に入れます。

**特徴**

* 透明やカラーなど、いろいろな色がある
* 柔らかい、張りがあるなど、いろいろな素材がある
* 軽く、袋状になっていて、中に物を入れられる

透明感を生かした製作を考えてみよう！

## 素材そのもので遊ぼう！

# カラフルボール

ポリ袋にいろいろな形に切ったビニールテープを貼ります。ポリ袋に空気を入れて口を輪ゴムで留めたら、ボールのできあがり♪　何回つけるか数えてみましょう。

**育ちの芽** 🌱

● ボールをつく体の動きを知る
● 数への興味（つきながら数えることで）

# マジカルポリ袋

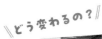 ● 2色の混色で見える世界が変化する！

〃どう変わるの？〃

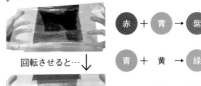

回転させると… ↓

赤 ＋ 青 → 紫

青 ＋ 黄 → 緑

黄 ＋ 赤 → オレンジ

> ポリ袋の底を切り筒状にしたら、油性ペンで色を塗って完成♪ 円筒形のペットボトルでもできますよ。

### 遊び方

袋の両端を持ち、両手で袋を回転させながら外の世界を見てみましょう。両手の親指と人さし指を使い、ポリ袋を回転させると見える世界が次々と変わります。

# ポンポンヨーヨー

 発見しよう！

● ポンポンと手で打つと、中の模様が変わってきれい！
● 中の紙は、どんなふうに動くのかな？

> ポンポンと手で打つと、中の紙吹雪が舞ってきれい！ 透明の袋だからこそ、中が見えるね。

### 作り方

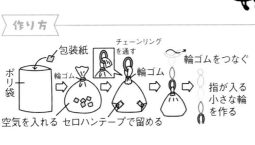

包装紙

チェーンリングを通す

輪ゴムをつなぐ

ポリ袋

輪ゴム

輪ゴム

指が入る小さな輪を作る

空気を入れる　セロハンテープで留める

# ポリ袋音楽隊

できたお気に入りの音の楽器で、音楽隊を結成しよう♪

発見しよう！ ● いろいろな物を入れて、お気に入りの音を作ろう！

## 音を見つけよう

ドングリ

大豆

マツボックリ

ビーズ

ビー玉

ボトルキャップ

緩衝材

短く切った割り箸

切ったストロー

小枝　　など

作り方・遊び方

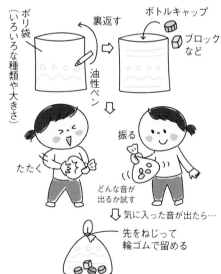

ポリ袋（いろいろな種類や大きさ）

裏返す

油性ペン

ボトルキャップ

ブロックなど

たたく

振る

どんな音が出るか試す

気に入った音が出たら…

先をねじって輪ゴムで留める

## 作るときの point

絵を描いたポリ袋を裏返すことで、その後の音探しのとき、手にペンの色が移りません。

# ふわふわクラゲ

作り方

ポリ袋
油性ペン

ふわっふわっと動く様子は、本物のクラゲのよう！

遊び方

作ったふわふわクラゲの頭の方を手でつまみ、上から放してふわっと開いたらうちわで下からあおぎます。下からサーキュレーターの風を当てると、高く舞い上がりますよ。

育ちの芽 🌱

● 袋が膨らむことで、空気の存在を感じる
● 軽い物は、風を受けて飛ぶことを知る

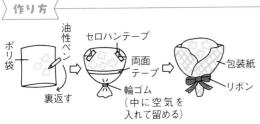

# スケルトン花束

作り方

ポリ袋
油性ペン
セロハンテープ
両面テープ
輪ゴム（中に空気を入れて留める）
裏返す
包装紙
リボン

**作るときの point**

空気が漏れないように輪ゴムでしっかり縛りましょう。中に膨らませた風船などを入れても OK！

育ちの芽 🌱

● 空気の存在を知る
● 透明素材のおもしろさを感じる

# おしゃべり
# パクちゃん

## 育ちの芽 🌱

- 友達とのコミュニケーション力
- 手を動かすことで変形するポリ袋の形のおもしろさに気付く

### memo

袋の底を口に対して縦にすることで、袋の中に空気が入りやすくなり、パクちゃんの胴体が大きく膨らみます!

---

作り方

```
2cm        ポリ袋        セロハン
                         テープ
  ↓                    →
巻く                  左右に引っ張る
```

```
                油性ペン
  →
セロハンテープ
```

遊び方

パクちゃんの両端（口のセロハンテープを付けた所）を持って、左右に動かすと…パクパク！口が動きます。動かしながらお話しましょう。

こんにちは

# 新聞紙・広告紙の発明

**特徴**

＊ 薄くて、手で裂ける

＊ 小さい物から大きい物まで、いろいろなサイズがある

＊ 色や載っている写真・文字が様々

書いてもテープで貼ってもOK！大きい物も作れるね。

**素材そのもので遊ぼう！**

## 新聞紙さきさき競争

「よーいドン」で新聞紙を裂いていきます。
誰が長く裂けるか競争しましょう！！

### 育ちの芽

● 紙には切りやすい方向（紙の目）があることを知る

● 指先を使って、少しずつ速く裂く動き

**遊びのpoint**

新聞紙の裂ける方向（紙の目）に合わせて裂くと長く裂けます。

縦目
きれいに
裂ける

横目 きれいに裂けない

## 育ちの芽 🌱

● 折り畳んで切り、広げたときに
同じ形がつながるおもしろさ

# カラフル首飾り

### 作り方

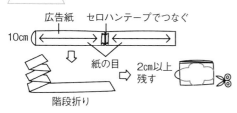

広告紙　セロハンテープでつなぐ
10cm
紙の目　2cm以上残す
階段折り

### 作るときの point

切るときは、それぞれのつながり部分は2cm以上残しておきましょう。それより短いと切れやすいですよ。

---

新聞紙とセロハンテープで好きな服を作ってみよう。

# 新聞紙で変身！！

## 育ちの芽 🌱

● 新聞紙で好きな形の服を作る
● 服の形や色に対する興味や関心

### 作り方

新聞紙　折る　ちぎる　着てみる…　テープで留める

※筒状にして片側を裂いてスカート、2本の筒をつないでズボンなど、いろいろ考えながら作る

# ヒラヒラバトン

## 育ちの芽 🌱

- 新聞紙が裂けるおもしろさを知る
- 紙のなびく音や様子のおもしろさを感じる

### 遊び方

バトンをくるくる回して遊びましょう！　空中に放り投げて、うまくキャッチするのも楽しい！

### 作り方

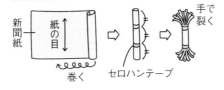

新聞紙→紙の目　巻く⇒セロハンテープ⇒手で裂く

### 作るときの point

スズをひもで結び付けると、音も鳴ってステキですよ。

ヒラヒラバトンを回すと…紙の音やヒラヒラする様子がかっこいい☆

## 育ちの芽 🌱

- 一筆書きでできる形のおもしろさを知る

# つぎつぎ オーナメント

### 作り方

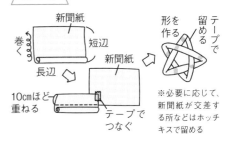

新聞紙　短辺　巻く　長辺　新聞紙　10cmほど重ねる　テープでつなぐ　形を作る　テープで留める

※必要に応じて、新聞紙が交差する所などはホッチキスで留める

# 広告紙でちぎり遊び

## 育ちの芽 🌱

● 思ったものを切り取る手指の巧緻性（こうち）

### 遊び方

広告紙の絵や写真の中で自分の気に入った物を探し、できるだけきれいに手でちぎります。絵や写真が切れてしまわないように慎重に！

> ちぎれたら組み合わせてコラージュしてみましょう。

# 新聞紙でつなひき遊び

## 育ちの芽 🌱

● ゲームの楽しさや悔しさを体験する

### 作り方

新聞紙

3枚を紙の目が互い違いになるように貼る
（←→は紙の目の方向）

巻く ⇨ ねじる

### 作るときのpoint

紙の目を互い違いにしてつなぐことで、破れやすい部分ができます。

ひっぱれー！！

> 2人で両端から新聞紙の綱を引っ張り、綱の長い方が勝ち！ 綱は簡単に作れるので、安全に配慮して何度も勝負しましょう。

かったー！！

まけた…もういっかい！

# 新聞紙の秘密基地☆

## 育ちの芽 🌱

- 新聞紙の棒を組み合わせ、試行錯誤して立体物を作る力
- 友達と協力して成し遂げる楽しさ

やっほー！

ばあ

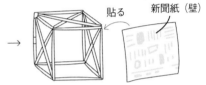

### 作り方・遊び方

新聞紙 → 巻く → セロハンテープ → たくさん作る

→ → 貼る → 新聞紙（壁）

角や交差部分を布テープで固定し、骨組みを作る

もっててね！

## プラスアイディア

新聞紙以外に段ボール板を使うと、丈夫な基地になります。また、道や乗り物、基地の中の机や小物を作るなど、どんどん遊びを広げていきましょう♪

### 骨組みの基本

三角形を組み合わせると丈夫！ 四角形の場合も中に三角形ができるように、交差させましょう。

# ひらめき✧ 段ボールの発明

**特徴**

* 厚くて丈夫
* 断面に穴がある

> 子どもたちが切るのは難しいけど、側面の穴や厚みを利用すると丈夫なおもちゃが作れるよ!

## 素材そのもので遊ぼう!

## 段ボール鬼ごっこ

真ん中に顔が隠れるくらいの段ボール箱を置いて2人で向かい合います。鬼を決め、箱の後ろに隠れ、「せーの」で段ボール箱の左右から顔を出し…顔が出会ったら「ミッケ!」。3回顔を合わせたら鬼を代わります。

**育ちの芽 🌱**

● 段ボールの大きさや手触りを全身で感じる
● 友達とのやり取りを楽しむ

大きな段ボール箱(洗濯機など)は、周りを回りながら、鬼ごっこをしてもいいですね。

# おしゃれリストバンド&ティアラ

段ボールの断面の穴を利用して、本当に針と糸で縫っているような気持ちに☆

▷ 作り方 ◁

リストバンド

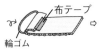

段ボール板

折り畳んで柔らかくする

2㎝あけておく

色紙を貼ったり挟んだりする

長辺に穴がくるように

穴に通す

針金を二つ折りする

毛糸

布テープ

輪ゴム

ティアラ

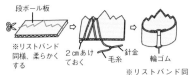

段ボール板

※リストバンド同様、柔らかくする

2㎝あけておく

毛糸

針金

輪ゴム

※リストバンド同様、輪ゴムを挟んで布テープで留める

## 育ちの芽 🌱

- 異なる素材を組み合わせて、縫うようにして作る経験
- 小さな穴に針を通す手指の巧緻性（こうち）

ジャンケン…

ゲー

パー

チョキ

# 段ボールジャンケン

## 育ちの芽 🌱

- 遊びのルールを変えて楽しむことを知る

ポン!

机の上に置いて遊ぶとやりやすい!

▷ 遊び方 ◁

2人1組で親を決め、「段ボールジャンケン、ジャンケンポン」などと言いながら、段ボール板の○△□の穴のどこかをのぞきます。親と同じ所を見て、目が合ったらアウト。違う所を見たら「あいこでホイ」と言いながら、どれかひとつの穴からのぞきます。

# 立体パズル

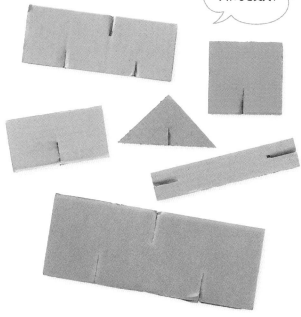

切れ目は、段ボールの目に沿って入れると丈夫！

大小の四角形、三角形の段ボール板に、切れ目を入れる（大きい物は2〜4つの切れ目を入れる）て完成です。これだけでパズルに変身！

### 遊び方

パズルの切れ目同士を組み合わせて、立体にして遊びましょう。長い段ボール板は、折って組み合わせることもできますよ。段ボール板をいろいろな形に切って、変形パズルを作ってもおもしろい！

## 作品いろいろ

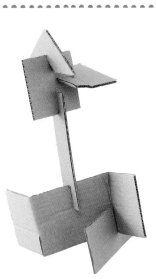

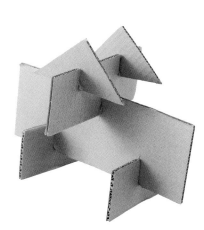

# まきまきカー

育ちの芽 🌱
● 車輪の仕組みを考える
● 好きな形を考えて作る

## 作るときの point

うまく巻けなければ段ボール板に両面テープ（または、のり）を付けて巻くといいですよ。

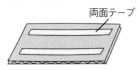

両面テープ

## 作るときの point

押すと安定して動く車にしたいときは、竹串を細めのストローに通し、段ボール板の間に挟むか、段ボール板の外からテープで貼り付けるといいですよ。段ボールの間に使い終わった乾電池を入れて重くしたり、前と後ろの車輪の間を長くすると動きが安定します。

巻き方次第で様々な形の車に変身！ 段ボール板の穴を利用するので、動く仕組みも簡単！

### 作り方

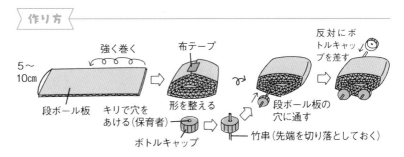

強く巻く

5〜10cm

段ボール板　キリで穴をあける（保育者）

ボトルキャップ

布テープ

形を整える

竹串（先端を切り落としておく）

段ボール板の穴に通す

反対にボトルキャップを差す

# ハラハラ段ボール

よっ…

はい!

すごーい

そーっと…

## 作り方

段ボール板

80〜100cm

3〜10cm

ぎゅっと強く巻く

→ 布テープ

## 育ちの芽 🌱

● 全身のバランス感覚を養う

## 遊び方

ハラハラ段ボールの上に片足立ち! だれが長く乗っていられるかな?

太いハラハラ段ボール（長さ120cmの段ボール板で作る）を作って、並べて石渡りのように! 最後まで渡れるかな?

おちる〜

おっとっと!

# モンキーまるちゃん

### 遊び方

いろいろな所に引っ掛けたり、モンキーまるちゃん同士をぶら下げたりして遊びます。

ここに
かけてみよう！

いいよー！

ぼくのを
つなげて
いい？

### 作り方

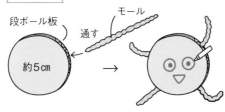

段ボール板

通す

モール

約5cm

### 作るときのpoint

手足を長めに作ると、引っ掛けやすくなります。

110

この素材は…
何で切る？
何で接着？

# 用具の選び方
## と
## 加工のコツ

## 作り始める前に

### 1 子どもの用具使用の発達の様子を押さえ、できるところから始めましょう

例えば、はさみなら1回切り→2回切り→連続に切る→ぐにゃぐにゃ切り→三角に切る・止め切り→円切りなど、用具使用の順序性や方法を意識して進めましょう。無理な用具の使用は、思わぬ事故につながります。

### 2 適切な材料、用具の正しい使用法や安全面に気を付けましょう

用具は、用途に合った物を選びましょう。たとえば、セロハンテープ、ビニールテープを切るためのはさみは、刃にフッ素などの加工がされている物を使いましょう。キリの代わりにカルコを使うと、子どもも穴あけの経験が可能になります。

カルコ

### 3 接着は、材料に合わせてどんな接着方法がよいか考えましょう

紙同士の接着には、でんぷんのりを使います。ペットボトル同士の接着には、輪ゴムやビニールテープ、ウレタン製両面テープ。紙パックは、表面にビニールコーティングされているので、ホッチキス。割り箸は、輪ゴム…のように、材料に合わせて最も適切な接着・接合方法を考えましょう。

安全に楽しく作ろう！

# 貼る

接着には、のり・テープ類・木工用接着剤などがあります。
接着したい素材によってはくっ付きにくい物もありますので、
用途に合わせて使い分けましょう。

## ● のり

でんぷんのりは、保育で使う接着剤の基本。紙同士の接着剤とし
て使います。小さく切った紙パックや広告紙などのツルツルした
面の上に出して指で伸ばして使いましょう。のりの付いた指は、硬
めのスポンジやぬれタオルなどで擦り取るようにするとよいです。
水のりは指を汚さないので使いやすいです。スティックのりは乾燥
すると剝がれやすくなるものがあるので、長期使用には適しません。

## ● 木工用接着剤・多用途接着剤

紙と布や木などの接着をするときに使います。木工用接着剤には
通常の物と速乾性の物がありますが、液の中に含まれる水分の
量が違うだけなので通常の物で十分です。薄く伸ばして圧着する
ことがポイントです。多用途接着剤には、ノズルの先端が細くなっ
ていて、液が出過ぎず使いやすい物もあります。

## ● テープ類

紙には表面にビニールコーティングしている紙や段ボールのように
凸凹している紙、曲面の物など様々な物があります。また、ビニー
ルやプラスチックなど（のりや木工用接着剤が適さないもの）もあ
ります。それらの材料を接着する際にはテープ類が便利です。一
般的にはセロハンテープ。丈夫に付けたいときは、梱包用透明テー
プや布テープがいいでしょう。凸凹の面の接着には、ウレタン製両
面テープがおすすめです。

# 切る

切るための用具として、はさみ・カッターナイフ・のこぎりなどがあります。用法に留意しながら保育者がそばで見守ります。カッターナイフの使用は、必ず保育者が行なうようにしましょう。

## ● はさみ

はさみは用途に合わせて3か所の部分を使いましょう。通常は、刃の真ん中を使います。細かい物を切るときは刃の先で、厚い物や柔らかい物を切るときは、刃の奥を使って切るようにしましょう。柔らかい物を切るときは引っ張ってピンと張った状態で切るとうまく切れます。はさみで切るときは刃の進む先に手がないように注意しましょう。

## ● カッターナイフ

カッターナイフは、鋭利な刃物なので子どもは使わず、必ず保育者が使用します。いろいろな紙を真っすぐに切るときはものさしを使い、刃の進行方向に指がないようにしましょう。厚い物を切るときにはカッターナイフを上から握り、刃を3つほど出し、できるだけカッターナイフを傾けて数回に分けて切るときれいに切ることができます。

## ● のこぎり

のこぎりの柄を持つ手は素手でしっかりと持ち、切る物を押さえる手は必ず軍手や革手袋などの手袋をしましょう。最初は、軽く押すようにして刃の溝を作り、できるだけのこぎりを傾けて刃の全部を使うようにして少しずつ切っていきましょう。のこぎりの代わりに鉄のこを使ってもよいです。鉄のこの刃は手で持つ部分をビニールテープで巻くと簡易のこぎりになります。

切るのが大変

## 段ボールを切る

段ボールにはいろいろな厚みの物があります。片段ボールははさみで切ることができますが、厚い物はカッターナイフ（保育者）、または、はさみの奥を使って切ります。分厚い段ボールをカッターナイフで切るときは、カッターマットなどを敷き、カッターナイフの目盛りを3つほど出し、カッターナイフをできるだけ斜めにして数回に分けて切ります。

形が潰れちゃう！

## ペーパー芯を
## カッターナイフで切る

ペーパー芯をカッターナイフ（保育者）で切ろうとすると、柔らかい物はペーパー芯が潰れたり、逆に硬い物は切れなかったりします。そんなときは、ホームセンターで、鉄のこの刃（金切鋸刃）を入手しましょう。片方1/3ほどをビニールテープで巻き、持ち手を作ると、比較的安全な簡易のこぎりに変身！

真っすぐ切れない

## ペットボトルを切る

カッターナイフの刃を2目盛りほど出し、カッターナイフを鉛筆を持つように握ります。上からペットボトルを押すように（缶切りで缶を切るように）して少しずつ上下に動かしながら切ると安全に正確に切れます。ペットボトルの周りに、メンディングテープを貼り、テープに添って切ると真っすぐ切れますよ。ペットボトルを切るときは、切りすぎたり、けがの原因になったりしますので、絶対に紙を切るように手前に引いて切らないようにしましょう。

# 穴をあける

## ● 紙にあける

紙に穴をあけるときは、紙を2つに折り、はさみで切れ目を入れて切っていきます。折り目を付けたくないときは、はさみの一方の刃先を紙に差し込み、内側から外に向かって穴をあけていくことができます。

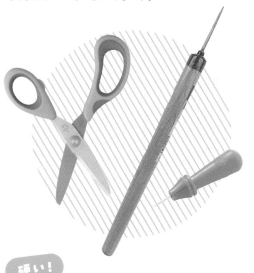

## ● 紙コップにあける

紙コップに穴をあけるときは、最初につまようじなどで小さな穴をあけ、その後に鉛筆を差し込み回しながら穴をあけるときれいな穴があきます。更に大きな穴をあけるときは、その穴にはさみの先を差し込み、外側に向かって放射状に切れ目を入れて大きくしていきます。

硬い!

### ボトルキャップに穴をあける

ボトルキャップをペットボトルに取り付け、ボトルの胴体を持ちながらキリ（通常は四方キリ[小]、小さな穴ならカルコがおすすめ）で穴をあけます。最初は鉛筆を持つようにキリを持ち、小さな穴をあけます。穴があいたら手を持ち替え、キリを回しながら穴を大きくします。ボトルキャップを車輪にするときは車輪より小さい穴を、ひもなどを通すときはひもより大きめの穴をあけるのがコツ。

# 折る

## ● 指アイロン→爪アイロン

紙をきれいに折るには、紙の両端を合わせた
後、折る部分の真ん中に指を置き、中心部分
から外側に向かって指をずらして折っていき
ます（指アイロン）。その後に、爪を使って
折る（爪アイロン）と折り目がきれいに折れ
ます。折りたい所にものさしを当てて、紙を
折っておくことでもきれいに折ることができ
ます。

# 曲げる

## ● 指で曲げる

親指と人さし指など2本の指の腹の部分で挟んでしごく
ように引っ張ると紙が曲がり、くせが付きます。

## ● 鉛筆や机の縁を使って

鉛筆などの丸い物に巻いたり、机の縁に紙を当てて紙を
引っ張りながら上下させたりすると、紙が曲がりくせが
つきます。

# 安全への配慮

## ● 刃物を使うときは

はさみやカッターナイフ、のこぎり、キリのような刃物類を使うときには、それぞれの用具の使用方法を守って安全に使うようにしましょう。切る際は、切っている部分に注目し、刃物の進む先に手を置かないようにします。刃物の周辺には刃物が届かない十分な空間を確保するようにし、刃物を使っている人の後ろには絶対に行かないように注意しましょう。

## ● アレルギーへの配慮

エビ・カニなどの入っていたトレイや牛乳パックなどは原則、工作材料には使わないようにしましょう。十分に洗っていた場合でも、アレルギー症状を引き起こす場合があります。アレルギーをもっている子どもの有無を事前に調べておき、アレルギーのある子どもは、自分で持って来た材料を使うなどの配慮をしましょう。

## ● ペットボトルの切り口は

カッターナイフやはさみでペットボトルを切った切り口は鋭利になっています。その部分を触る可能性のあるときは、切り口にテープを貼るようにしましょう。

## ● 紙の切り口にも配慮を

コピー用紙の側面など薄い紙の切り口は、刃物のように鋭利になっているので、取り扱いには注意しましょう。

## ● ホッチキスの針は

ホッチキスを使ったときは、針の先端が鋭利になっていますので、しっかり折れ曲がっているかを確認します。ホッチキスを使った物を身に着けるときは、その上から透明のビニールテープを貼っておくと安全です。

## ● シャボン液の誤飲

シャボン液を作るときは、誤飲に注意しましょう。液を付けたストローなどを上に向けると液が口の中に流れ込んでくることがありますので、注意しましょう。

## ● スライム作りで残った液は

スライムを作るときに残ったホウ砂の水溶液は透明です。ペットボトルに入れて保管すると誤飲の事故につながる恐れがありますので、必ず水に流しましょう。

## ● 静電気を放電するには

静電気の遊びで体に帯電した電気は、10円玉などの金属を手に持ち、ドアなどの金属部分に触れると放電します。

## 著者・製作

# 竹井 史 (たけい　ひとし)

同志社女子大学 現代社会学部 現代こども学科 教授
愛知教育大学 名誉教授

愛知教育大学教育学部教授、同附属名古屋小学校校長などを
歴任し、現職。
これまで、もの作りを中心とした様々な遊びイベントを主催し、
7万人以上の親子とふれあう。
現在は、幼児に望ましい土環境のあり方と援助、
身近な素材を使ったおもちゃ作りについて研究をすすめている。

所属学会：日本保育学会　大学美術教育学会　美術科教育学会
受賞：第81回放送記念表彰（NHK富山放送局）
文部科学省『図画工作科で扱う材料や用具』作成協力者
図画工作科教科書（日本文教出版）企画及び編集など
（公式HP）タケイラボ　https://www.takeilab.com

## おわりに

本書作成にあたって、粘り強く励ましていただいた井家上萌さまはじめ、ひかりのくに編集部の皆様に心より感謝申し上げます。

### スタッフ

本文デザイン　平野美波（株式会社フレーズ）
イラスト　　　北村友紀、Meriko
写真撮影　　　佐久間秀樹、編集部
企画編集　　　井家上萌、川原菜都珠、松尾実可子、
　　　　　　　北山文雄

※本書は『保育とカリキュラム』2023年10月号特別附録、2024年1月号特集に掲載した、竹井史先生の原稿に加筆、再編集し、単行本化したものです。

**「先生すごい！」「作ってみたい！」から始まる**

# あそびおもちゃ

2024年2月　初版発行

著　者　竹井 史
発行人　岡本 功
発行所　ひかりのくに株式会社
　　　　〒543-0001 大阪市天王寺区上本町3-2-14
　　　　郵便振替 00920-2-118855　TEL.06-6768-1155
　　　　〒175-0082 東京都板橋区高島平6-1-1
　　　　郵便振替 00150-0-30666　TEL.03-3979-3112
　　　　ホームページアドレス　https://www.hikarinokuni.co.jp
印刷所　大日本印刷株式会社

©HITOSHI TAKEI 2024　　　　　　　　　　　Printed in Japan
乱丁・落丁はお取り替えいたします。　　　ISBN978-4-564-60974-9
　　　　　　　　　　　　　　　　　　　　NDC376 120P 21×19cm